戦国診察室

著・馬渕まり
監修・武将ジャパン

SPP出版

はじめに

刀槍《とうそう》や弓・鉄砲で「切った撃った」の戦国時代。当然ながら、その死因は合戦によるものが多いと一般的には思われがちです。が、果たしてそうでしょうか。

昨今の歴史ブームで数多くの書籍が出版され、医学的に切り込んだ戦国本もそれなりに見受けられるようになって参りました。

そんな中、本書は『戦国時代に的を絞った上で、歴史的にも医学的にも深く切り込む内容』となっております。

「あの武勇伝のあの武将がまさかそんな病気で?」や「激しい切腹シーンは本当にありえるの?」など、『1冊で2冊分』をコンセプトに、武将好きな方や毛色の変わった医学コラムが読みたい健康マニアなアナタにもオススメできるラインナップとなっております。

筆者の経歴につきましては、基礎医学(生理学)研究にて医学博士を取得後、現在は内科臨床医(糖尿病専門医)として医療に携わっております。そのため、臨床的な内容のみならず生理、薬理、遺伝学的な記述があるのも本書の特徴。

では、内容がお堅いかと言いますと、お手に取って頂けると分かりますように「メガネ大好き! 忍者大好き! イケメン武将最高〜!」とミーハーな要素も多分に入っており、サクサクと読み進めるうちに豆知識がドッサリになれるハズ。

本書を通じて、皆さまの戦国・健康ライフの一助になれば幸いです。

馬渕まり

目次

第二章　感染症科

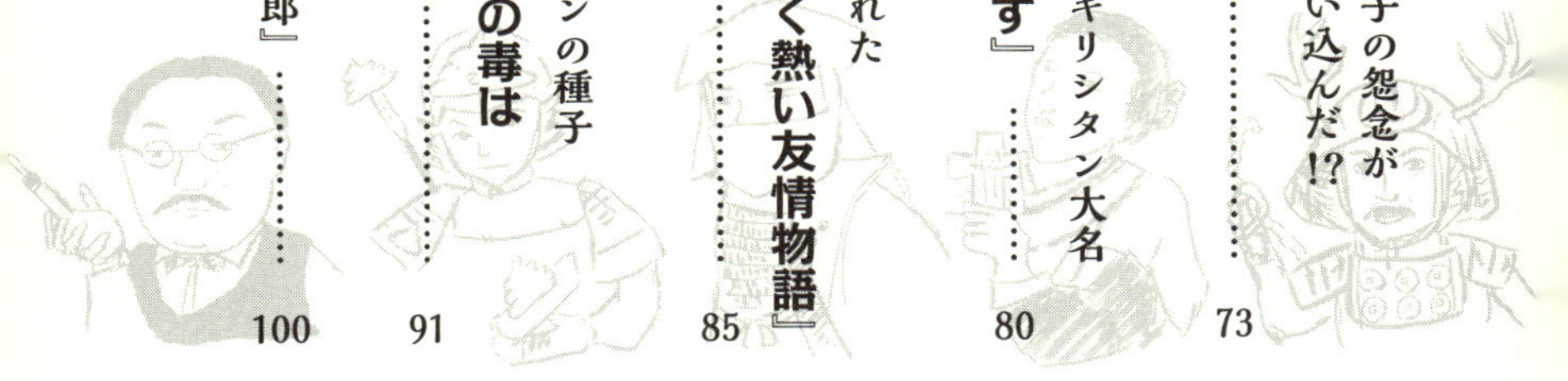

第三章　その他の診療科

本書に登場する歴史年表

1492年 コロンブスが新大陸に上陸

1497年 毛利元就が誕生

1513年 立花道雪が誕生

1522年 千利休が誕生

1529年 宇喜多直家が誕生

龍造寺隆信が誕生

1530年 上杉謙信が誕生

1538年 日本最古の入れ歯を所持した仏姫が死去

1543年 鉄砲伝来と同時にタバコも伝来

1544年 日本漢方の大家、田代三喜が死去

1545年 龍造寺隆信の曽祖父家兼が挙兵、龍造寺家を再興し直後に死去

1546年 黒田官兵衛が誕生

1548年 立花道雪に落雷

1549年 フランシスコ・ザビエルが眼鏡を携え鹿児島に上陸

1551年 大内義隆、陶晴賢の謀反により死亡

1552年 高山右近が誕生

1556年 曲直瀬道三が将軍足利義輝を診察

1559年 大谷吉継が誕生

1560年 石田三成が誕生

今川義元が桶狭間で討ち死に

1561年 上杉謙信が山内上杉家の家督と関東管領職を相続

1567年 伊達政宗が誕生

1569年 宇喜多直家が主君浦上氏に反旗を翻し織田・赤松側へ付くも失敗

1571年 毛利元就が死去

1572年 武田信玄が上洛を開始

宇喜多秀家が誕生

1573年 武田信玄、上洛半ばにして死去

1574年 結城秀康が徳川家康の次男として誕生

曲直瀬道三が正新町天皇を診察

1576年 煕子が死去

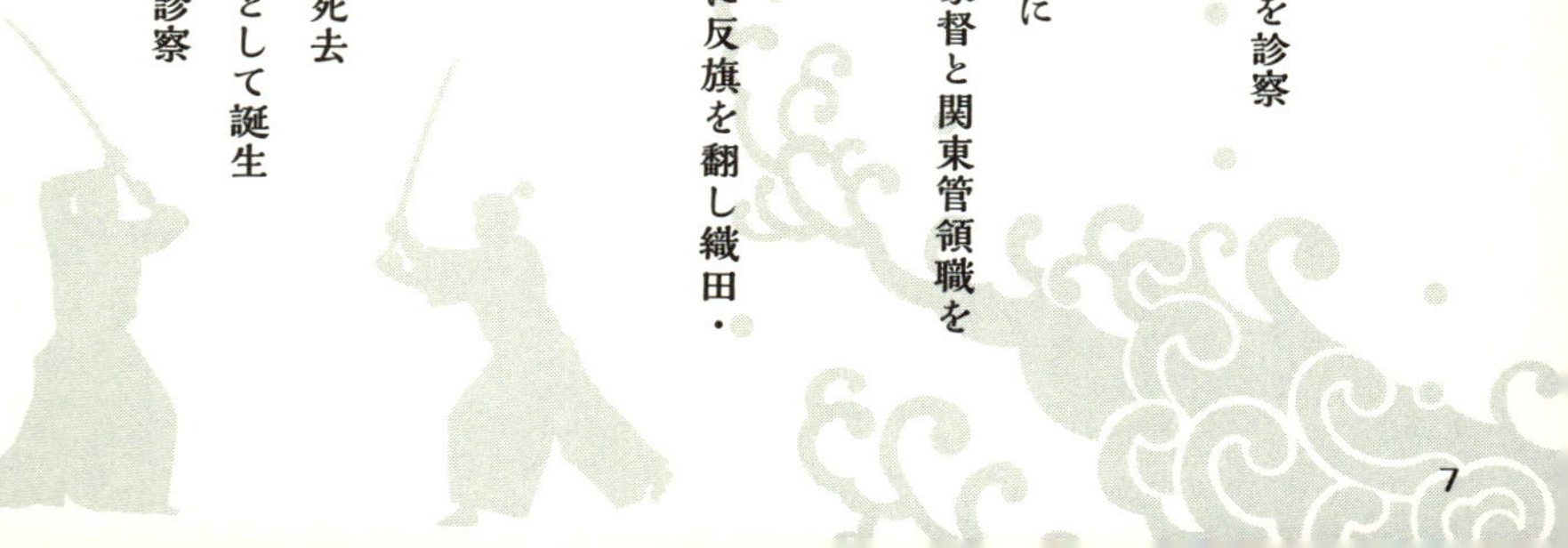

1577年　上杉謙信が手取川で織田軍を撃破
1578年　上杉謙信が春日山城の厠で倒れ死去
　　　　龍造寺隆信が肥前を統一
1579年　荒木村重謀反の有岡城が落城
　　　　宇喜多直家が毛利を裏切り織田信長の家臣に
1581年　宇喜多直家が「尻はす」にて死去
1582年　本能寺の変で織田信長らが討ち死に
　　　　穴山梅雪が死去
1583年　賤ヶ岳の戦いで柴田勝家が敗北し切腹
　　　　織田信孝が野間大坊で切腹
1584年　小牧・長久手の戦いで豊臣と徳川が和議
　　　　龍造寺隆信が戦場にて討たれる
　　　　伊達政宗が18歳で家督を相続
1585年　豊臣秀吉が関白に
　　　　立花道雪が死去
1591年　千利休が聚楽第で切腹
1592年　松平忠輝が徳川家康の六男として誕生

1594年　曲直瀬道三が死去
1600年　関ヶ原の戦い
　　　　大谷吉継、戦死
1601年　スペインの修道士が徳川家康にタバコを献上
1604年　黒田官兵衛が死去
1607年　結城秀康が死去
1614年　高山右近らが禁教令により国外追放、マニラへ
1615年　高山右近がマニラにて死去
　　　　大阪夏の陣で榊原康勝が痔の悪化により死去
1616年　徳川家康が死去
1630年　永田徳本が118歳で死去
1636年　伊達政宗が死去
1655年　宇喜多秀家が流刑の地「八丈島」にて83歳で死去
1683年　松平忠輝が流罪の地「諏訪」にて92歳で死去

第一章　生活習慣病科

がん、脳血管疾患、心臓病など

第一章　其の一
織田討伐を目指し……
最期はがんで風林火山の旗折れる!?

結局、武田信玄の死因は何だったの?

偉大なる**武田信玄**の死――。

と、申しますと、一般的には「京への上洛途中で病死して、その事実は厳密に隠されていた」なんてエピソードが語られがちです。

しかし、肝心の死因となると、これだけ有名な武将であるのに「○○です!」とハッキリ示せる史料がなく、数多の歴史家さんですら頭を抱えるところ。

一介の医師である私が語るのはおこがましい限りですが、今回は大胆にも、この信玄の死因にメスを入れてみたいと思います。

同時に、伝説の多い〝**主治医**〟についても触れておきましょう。

家康をフルボッコにしあと一歩で信長だったのに…

甲斐（山梨）の戦国大名・武田信玄は、もともと同地に本拠を構える室町幕府の守護出身。父・信虎を駿河の今川家に追放してからメキメキ頭角を現し、信濃への侵攻を進めました。

そこで起こったことは、皆さんご存知の通り、宿敵・上杉謙信との『**川中島の戦い**』です。5度に渡ってしのぎを削り、最終的には信玄がほぼ全域を領国化、さらには西上野（群馬）や遠江（静岡）、三河（愛知）、美濃（岐阜）の一部にまで勢力を広げるのですから、当代ナンバーワンの武将と言っても差し支えはないでしょう。

そして、その勢いが極みに達した元亀３年（1572年）冬、信玄は上洛を始めます。

まずは三方ヶ原の戦いで織田・徳川連合軍を**フルボッコ！**　ウ◯コを漏らして逃げ出すほどの屈辱的大敗を家康に喰らわせ、さらに翌年２月には三河の野田城も陥落させます。

ところが、です。あと一歩で「**信長ぶっ殺す！**」という場面まで追い詰めておきながら、なぜか武田軍は進軍をストップし、長篠城へ踵を返します。

理由は、皆まで言うなといったところでしょうか。そうです、信玄の持病が悪化し、たびたび『**喀血**』するようになったのです。

進軍を中止した武田軍は、同城でいったん休養し、偉大なる頭領の回復に努めますが、祈りむなしく病状は悪化。４月初旬、甲斐へ撤退するその途上、亡くなってしまうのでした。

肺結核なら
もっと痩せていたのでは？

死因については先程「不明」と申し上げたばかりですが、数少ない史料に『**喀血**』という記録が見られ、『**胃がん**』または『**肺結核**』が挙げられています。

まず胃がん説の根拠ですが、武田氏の戦略や戦術を記載した軍学書『**甲陽軍鑑**《こうようぐんかん》』にございます。

信玄の侍医の一人である板坂法印《いたざかほういん》が「膈《かく》の病である」と表現。

膈の病とは、食べ物が通らなくなる病気、すなわち胃がん、食道がんなどに相当します。胃がんは、進行するとがんの表面が崩れて吐血をする場合があり、信玄が見せた症状と一致しますね。

『肺結核』説については、江戸時代の山鹿素行《やまがそこう》が記した**『武家事記』**が根拠となっております。

信玄は20代の頃から度々体調を崩していたという記録があり、経過の長い病気を示唆。確かに結核でもおかしくありません。

しかし、そこで一点『おやっ？』と思うのが信玄の〝**肖像画**〟です。

一般的に我々が思い浮かべる信玄の肖像画って、**「頬もボディもふっくらしていて、油ギッシュな親父感」**が漂っておりません？

昔の結核と言えば、頬は痩せこけ、体全体は骨と皮になりがち。栄養状態が悪く餓死者も多かった戦国時代ならば、たとえ権力者でも尚更のことでしょう。

ところが信玄は違う。恰幅のよい坊主頭でご立派な口ひげまで備えております。

この矛盾は一体何なのか？

実を申しますと、あの有名な肖像画、現在では信玄ではなく**「能登・畠山氏の誰か」**とされております。ちなみにこの絵は**高野山成慶院**の所有で、そこにはお市の肖像画もあります（歴史マニア垂涎ですよ）。

それに代わって最近信玄像としてよく使われるようになったのが**高野山持明院蔵**に伝わる肖像画

です。こちらは作者不明ながら息子の勝頼が奉納した記録が残っており、着物の柄も武田の家紋**「花菱」**なり。25歳前後の信玄がモデルと考えられていて、その姿もかなり細身に描かれております。

肥満度で表すと、だいたいBMI19くらいですかね。これなら結核説もありかなと思えます。

なお、死因としてはこの他に**「野田城攻略の際に撃たれた傷が悪化した」**という説や**「暗殺説」**もあります。が、いずれも根拠は薄く、具体的な病名までは断定できないものの、病死であることは間違いないでしょう。

影武者って黒澤明かよ！と思ったら実在してました

ここからは少々蛇足ですが、信玄の遺言の中に「俺が死んだことは3年隠しとけ。遺体は諏訪湖に沈めろよ」というものがあります。

勝頼はこれに従い、約2年後まで葬式を出さなかったのですが、大将の死なんて重大な事を遠征先で隠し通すことができるものなのでしょうか。

と、そこで登場するのが本人ソックリな木像で、死んだはずの信玄が……ってそれは三国志演義です。武田家が用意していたのは、ズバリ**『影武者』**です。

「おいおい、マジかよ、黒澤明かよ（笑）」と思われるかもしれませんが、信玄の影武者は側近ですら間違うほど**ハンパないそっくりさん**だったという記録が残ってます。なぜならそれは、**実の弟**だったからです。

武田ファンにはお馴染みの**武田信廉《のぶかど》**。信玄より11歳年下（7歳年下説もあり）の弟であり、武田二十四将の一人に数えられる武将で、とーちゃんもかーちゃんも兄と同じ。ゆえに信玄の死後は見事本人に成りすまし、無事に甲府まで引き上げることができたのです。

そしてその後は武田家の重鎮として勝頼を支えますが、天正10年（1582年）、織田家による甲州征伐で勝頼が死んだ13日後、残党狩りで殺されてしまいました…ナムナム。

ぶっ飛び名医・永田徳本
牛の背中に寝転がり

さて話は少し戻りますが、武田家に仕えた医者の中に、曲直瀬道三《まなせどうさん》（134ページ参照）と並び、「医聖」と称された人物が居たのをご存知でしょうか？

永田徳本《ながたとくほん》（1513〜1630年）です。

思わず、生存年数を**二度見**してしまった方、これは誤植ではございません。なんとこの御仁、戦国から江戸にかけて**118歳まで生きた**というウルトラ医師なのです。

出生地は三河や甲斐など諸説ありますが、出羽で残夢《ざんむ》という僧から修験道を学び、医学の道へ。武田信虎・信玄親子のもとで侍医を務め、同家が滅亡すると、突然ぶっ飛んだ生き方を選択します。

徳本は、東海・関東諸国を巡り、貧しい人々を**無料**や**格安**で診療し始めました。

それだけなら普通の良い人ですが、往診のスタイルが、なぜか『**牛の背に寝転がって**』出かけるというもの。

そしてどんなに難しい治療でも治療費の上限は18文（16文説もあり）で、現在の価値にすると1文≒100円ぐらいと見積もって、2000円弱と格安で設定。将軍・秀忠を往診し、病を全快させたときも、やっぱり18文で済ませてます。

また、植物学にも長けており葡萄の棚栽培を考案し、**「甲州ブドウをブランドにしようZE！」**と提案した話も…。現在、山梨で美味しい甲州ワインが作られるのは、徳本先生のおかげかもしれませんね。

その他に、林羅山《はやしらざん》（家康のブレインとなった儒学者）を弟子にした際には、別の非凡な才能を見抜き**「チミ、凄いから、医者じゃなくて他の道に進んだ方が良いよ～」**と勧めたり、妖怪退治をしたり……。もはや何が何だかワケわからぬ逸話となってしまいましたが、それだけ庶民に広く愛された医師だったことは分かりますね。

現在、長野県岡谷市にある徳本の墓は、ボッコボコに凹んでおります。なぜなら次のような言い伝えがあるから。

「墓石を削って飲むと万病に効く。痛いところに擦り付けると治る」

モラル的にも健康面からもどうなのよ、って話ですよね。でも、徳本先生なら「そんなもん効くワケねぇよ！」と、一笑に付してくれそう。

第一章　其の二
一代で中国地方を制覇した謀将・毛利元就
75歳まで長生きできた秘訣は ずばり禁酒じゃやけん！

広島の戦国武将代表といえば、やっぱり『**毛利元就**』でしょう。

三本の矢や、人によっては謀将のイメージもあるかと思われますが、その一方で、実はかなりの健康マニアという一面もありました。

特にお酒に関しては強固な禁酒の信条を一貫しており、結果、70歳を超える長寿となります。

ここでは領土を広げた手腕ではなく、元就の健康ライフを眺めてみましょう。

幼くして両親を失い 血の繋がりのない義母に育てられる

毛利元就は、明応6年（1497年）、毛利弘元の次男として生まれました。

3歳の時に、父・弘元は長男に家督を譲って隠居。元就は父と共に支城に移り住むのですが、翌年には実母が亡くなり10歳時には父も『**酒毒**』が原因で死去します。しかも悪い家臣が領地を横領し、元就を城から追い出してしまいます。

あまりに悲惨な境遇のため『**乞食若殿**』と呼ばれた元就でしたが、父の後添えがそんな元就を不憫に思い、再婚もせず養育します。捨てる神あれば拾う神ありですね。

後年、息子へ宛てた手紙の中で「養母は立派な人だった」と書いているので、血の繋がりはなくても良い母だったんでしょう。

さて、そんな元就ですが家督を継いだ兄がこれまた『**酒毒**』で死去。毛利家を継いだ幼い甥の後見人となり、その甥も9歳で早逝すると今度は元就が毛利家の当主となります。そこから合戦で活躍したり、謀略を用いて勢力を拡大するわけですが今回は割愛し、病気の話へ進めましょう。

一応、申しておきますと『**酒毒**』ですからね。『梅』の方の毒ではありませんよ。お酒が原因の病気の話です。

酒の強さはアルデヒド脱水素酵素で決定!

父と兄を『酒毒』で亡くした元就は、もともと酒に弱いこともあり**禁酒**を誓ったそうです。あ、そういえば元就のじーさまも酒で早死にしてますね。

『酒毒』とは読んで字のごとく飲酒による害毒のことです。おそらくですが元就の父と兄は**アルコール性肝障害**で身体を壊して亡くなったのでしょう。

アルコールは肝臓で代謝され無毒化されます。この際に生じたアセチルＣｏＡから脂肪酸が合成されるのですが、アルコールを大量に飲むと分解が追いつかず、また肝細胞で作られた脂肪が肝臓に蓄積します。これが肝細胞にダメージを与えてアルコール性肝障害を起こすのです。

肝臓へのダメージには3つの段階があります。最初は**アルコール性脂肪肝**で、この時点では症状もなく禁酒で容易に改善します。

進行すると次に**アルコール性肝炎**になりますが、まだ自覚症状はあまり出ません。

最後に**アルコール性肝硬変**まで進むと、肝臓の機能が保てなくなり（肝不全）、黄疸、腹水、低血糖、電解質異常、脳症などを発症、しばしば**死**に至ります。

アルコール性の肝障害は飲酒量が多い程、また飲酒期間が長いほど起こりやすくなります。それに加えて遺伝的な素因も関係します。

ここでアルコールの分解について詳しく説明しておきましょう。

アルコールはアセトアルデヒドに変換された後、**『アセトアルデヒド脱水素酵素（ＡＬＤＨ）』**によって無毒化されます。

この酵素は517個のアミノ酸から構成されますが487番目のアミノ酸の種類でその強さが変化。グアニンになる遺伝子を両親からもらったＧＧタイプはＡＬＤＨの働きが良く、酒に強い人になります。

2つともアデニンになるＡＡタイプはＡＬＤＨの活性がゼロとなり、アセトアルデヒドが分解できない、いわゆる下戸に。ＡとＧが1つずつのＡＧタイプは酒を飲めるがあまり強くない人になります。

実はこの遺伝子の違いがあるのは黄色人種のみで、白人・黒人は基本的にＧＧタイプ。だから彼らには、下戸がいないんですね。

黄色人種はＡＧタイプが約45％でＡＡタイプ

が約５％です。

ＡＧタイプ、すなわちＡＬＤＨの働きが不完全な人は、飲めるけど酒に酔いやすく、アルコール性肝障害も起こしやすくなってしまいます。

元就の家系は祖父が33歳、父が41歳、兄が25歳という若さで死去しております。おそらくＡＧタイプの遺伝型でアルコールで身体を壊した可能性が高いでしょう。

早めに禁酒した元就の判断は実に賢明だったのです。

『三矢の教え』はフィクションなれど

禁酒を敢行しただけでなく、元就は健康マニアで、医学知識も玄人はだしだったそうです。そのかいあってか、当時としては長命な75歳まで生き、71歳で子供も作っちゃってます。

死因については、『食べ物がつかえる』との記録があるため胃がん、食道がん、または老衰と考えられています。

ここで、冒頭にも出てきた**『三矢の教え』**についても触れておきましょう。ウィキペディアより引用させていただきます。

晩年の元就が病床に伏していたある日、隆元・元春・隆景の３人が枕許に呼び出された。元就は、まず１本の矢を取って折って見せるが、続いて矢を３本を束ねて折ろうとするが、これは折る事ができなかった。

そして元就は、「１本の矢では簡単に折れるが、３本纏めると容易に折れないので、３人共々がよく結束して毛利家を守って欲しい」と告げた。息子たちは、必ずこの教えに従う事を誓った（引用

／wikipedia)

感動的なお話ですが、コレは後世に作られた**フィクション**です。

そもそも長男、隆元は元就が死ぬ8年前に死んじゃってます……。しかし、全くのフィクションかと言いますとそうではなく、元就が60歳の時、3人の息子（隆元・元春・隆景）に送った**『三子教訓状』**が元ネタとなっています。

歴史好きには常識レベルな話題かもしれませんが、元就は次男を吉川家に三男を小早川家に養子に出し勢力を拡大。

3人の中で一番出来る子ちゃんだったのは三男の（小早川）隆景、毛利家を継いだ長男・隆元は割に草食系だった模様で『三子教訓状』もその辺りを考慮した内容となっております。

毛利を守るために両川はある

『三子教訓状』は14条まであるのでまとめるのが大変ですが、内容をざっくり言いますと…。

「まず毛利を大切にしなさい。3人は仲良くしなさい（第1条、第2条）。毛利は他家を滅ぼし恨まれているから皆で結束しないと3人（家）とも滅んでしまいますよ（第3条）。

長男は次男、三男を力として指図しなさい。次男、三男は毛利が強いから吉川、小早川をまとめられてるのであって毛利が弱くなれば家臣を抑えられなくなるかもしれません（第4条）。

長男は次男、三男と意見が合わなくても暖かい親心で耐えなさい。次男、三男は意見が合わない場合、長男に従うのが物の道理ですよ。

2人は他家をついでいますが、本家にいたら長男の家臣で命令に従わなければいけない立場なのですよ（第5条）。

この教えは子の代、孫の代まで守ってもらいたい。そうすれば三家の行く末は安泰でしょう。

そうは言ってても未来のことはわからないので、少なくとも3人の代はこの教えを守らないとダメですよ（第6条）」

ここら（第1～6条）あたりが三矢の教えになったのかなぁと思います。あとは母の菩提を弔ってとか、嫁いだ姉妹をよろしくとか、他の弟もまぁできれば仲良く、お日様を拝めなどがツラツラと続きます（コラム其の一参照）。

元就の部下想いな心遣い

酒を慎み長生きした元就でしたが、酒が好きな部下にはそれを諫めることはせず褒美に酒をふるまい、酒の飲めぬ部下にはモチを配ってその労を労ったそうです。

相手の嗜好を尊重する姿勢が人気の秘訣だったかもしれませんね。

◆コラム　其の一

『三子教訓状』

本文で『三子教訓状』の第一条から六条に触れましたので、残りをこちらで簡単に説明したいと思います。第十条あたりから〝元就のつぶやき〟みたいになっておりますが、それは第十四条で「ついでに言いたいこと全部言ったからね！」と結んでいますのでやっぱり元就Ｔｗｉｔｔｅｒなんだと思います。

第七条　亡き母（元就の妻）妙玖の供養をしっかりとしなさい。

第八条　五龍城主に嫁いだ娘を不憫に思うので、少なくとも一代の間は三人と同じ待遇にしなさい。でなきゃ恨むよ？

第九条　まだ年端のいかない弟たちについてだが、人並みの大人になったなら情をかけて遠いところに領地でも与えてくれ。アホだったら好きにしていい。ただ三人と五龍はとにかく仲良くしてほしい。

第十条　私は合戦で多数の人命を失ったので因果応報があると思っている。皆もそれをわきまえて慎み深くすることが大事である。

第十一条　二十歳で兄と死に別れてから40年、毛利家にもいろいろあったけど、私一人がこれを切り抜けてられたのは何故だかよくわかりません。筋骨隆々でもないし、知略が人一倍あったわけでもありません。正直、神仏のご加護をいただくほどの人物でもありません。なんで切り抜けられたか自分でもよくわからないので早く隠居したいです。まぁ、今のご時世だと難しいけどね。

第十二条　十一歳の時にお坊さんから念仏の秘伝を聞き、以来お日様を拝んでおります。これ大事だから三人とも毎朝やってね。

第十三条　厳島神社の神様の加護があって勝てた感があるから厳島神社を信仰しろよ。

第十四条　今まで言いたいと思ってたこと、この際全部ぶっちゃけました。他に言うことありません。ついでとはいえ全部言えたからすっきり。あ～めでたい、めでたい。

第一章　其の三
上杉謙信の死は【厠《かわや》】がキッカケだった!?
高血圧で冬場のトイレは危険だよ

歴史ファンならずとも『**上杉謙信**』を知らない人は居ないでしょう。

越後の戦国大名で、ライバル**武田信玄**と川中島で何度も渡り合あい、手取川では織田を蹴散らした軍神。戦場では負け知らずのリアル毘沙門天・謙信も、当然ながら「**死**」には勝てませんでした。

彼の死に場所は**やはり戦場**……ではなく死の原因は**トイレ**にありました。

お酒LOVEな上に、塩辛い肴が大好物!

謙信は享禄3年（1530年）に越後守護代・長尾為景の四男として春日山城に生まれました。父に疎んじられ一旦は寺に入った謙信でしたが、城の模型を使って戦略を考える遊びに夢中になり「**坊主には向いてません**」と家に帰されてしまいます。小さい頃から**軍神**の片鱗が見えますよね。

しかし、父の死後、長尾家の跡を継いだのは謙信の兄。この方がイマイチな武将だったらしく、国内では舐められて、地元の豪族たちに反乱を起こされてしまいます。

まだ15歳だった謙信も若輩と思われ城攻めに遭いますが、これを見事に返り討ち。それから4年後、兄は謙信を養子にした上で引退し、謙信は19歳で家督を継ぎ守護代となりました。

その後、数年で越後を統一した謙信は永禄4年（1561年）に山内上杉家の家督と関東管領職を相続し、『上杉』を名乗ることになります。

謙信は、生涯を通じて70あまりの戦いを経験し、大きな戦いではいずれも負けなしというまさに**軍略の天才**でした。

酒と塩があれば オールオッケー!!

そんな軍神・謙信ですが、食生活に関する記録を見てみると、必ず出てくるのが『**酒好き**』という記述です。

肴は『**干物、梅干し、塩や味噌**』。

ここまで書いただけで、もう『**高血圧**』という病名がちらつきますね。実際、この食生活が謙信を死へと誘うのです。

高血圧が続くと血管壁に負担がかかり、血管の弾力性が失われた状態（動脈硬化）となります。

チョット脱線しますが謙信の酒好きは相当なもので馬に乗ってもお酒が飲みやすい脚付きの器、**馬上盃**を愛用していたそうです。道路交通法に照らし合わせると馬は軽車両にあたるため、酒を飲んで乗ると「**飲酒運転**」になりますのでご注意下さい。さらに馬に酒を飲ませて乗ると「**整備不良**」で引っかかるそうです。

閑話休題。謙信の最期に迫りましょう。

天正5年（1577年）七尾城の援軍にきた織田のオールスター軍を手取川で撃破した謙信は、軍を春日山城へと引き、次なる遠征の準備をはじめます。

しかし天正6年(1578年)のまだ春浅い4月15日、謙信は春日山城内の厠《かわや》で倒れ、そのまま昏睡状態となりました。

わずかに意識を取り戻して唇を動かすも、結局、19日に死亡、享年49才。その経過から**脳出血**が死因と考えられております。

それにしても、死を誘発したのがトイレだったとは、現代人の我々から見れば実にバカバカしい最期だと思われるでしょうか？

いえいえ、寒い時期のトイレは、実は**危険なスポット**なのです！

夏場に少なく、冬に多い脳出血

人は、寒くなると交感神経が緊張するため、健康な状態でも血圧が少し高くなります。特に、暖かい室内から寒い廊下やトイレに行くと血管が収縮し、急激な血圧上昇を起こす場合があります。

さらに、トイレでは用をたす時に力みますよね？

この時、脳の血管が圧力に負けて出血する『脳出血』を起こす場合があるのです。

実際、統計的に脳出血は夏場に少なく冬場多いというデータもありまして、男性の場合、夏と冬を比べると発症率は1・5～2倍違います。

男性の脳出血は気温の日中変動幅とも関連があり、福岡県での研究ですが脳出血と気温の日中変動幅は正の相関を示しています。越後のような雪国でしたら、その傾向はなおさら顕著でしょう。

ちなみに日中変動幅の大きさは3～5月と10～11月の2つにピークがあります。

謙信が倒れたのは4月ですが上越市の4月の平均最低気温は5・6度です。気温が現在より1～2度低い小氷期であったことを加味すると、謙信が倒れた日は東京の3月初旬くらいの感覚になるかと思います。

ゴルゴもびっくり 凄腕の殺し屋

なにより高血圧が怖いのは、患者に警告を促すような症状に乏しく、気がついた時には血管を蝕んでいるところです。このため『**サイレントキラー（静かな殺し屋）**』と呼ばれています。

謙信は40歳のときに軽い脳出血を起こし左足に後遺症が残っていたそうですが、その原因が高血圧と見抜き、対策するまでには至らなかったでしょう。そもそも当時は高血圧という概念がなかったでしょうし。

つまり謙信自身も自らが急死するとは思っていなかったハズで、結果、跡目相続に大きな問題を残してしまいました。死期を悟って遺言を残そうにも、サイレントキラーな病気が相手では中々うまくいかないものなのです。

この世の栄華も 一杯の酒のようなものだ

実子が居ない謙信には養子が数人おりました。きちんと跡継ぎを指名していなかったために、養子の中で力を持っていた謙信の姉の子・**上杉景勝**と、北条氏康からの養子・**上杉景虎**の間で、壮絶な跡目争いが勃発（御館《おたて》の乱）。この内戦により上杉家はかなりのダメージをうけてしまいます。

かくして今では批判の対象となることもある謙信の遺言問題も、事前に死期を悟ることの難しい病気であったなら、ある程度は致し方なかったのではと思えませんか？

自身の死期が見えたのでしたら、キッチリと後継者を指名したに違いありません。

稀代の大名・上杉謙信が、後継者問題だけを疎かにしていたとは考えにくいですよね（自身の子どもがいないため養子を迎え入れたのも、死後の対策を考えていた証左では…？）。

さて、最後に謙信が死の一カ月前に詠んだ詩をご紹介したいと思います。

四十九年　一睡夢　一期栄華　一盃酒

（49年の我が人生も一睡の夢のようなもので、この世の栄華も一杯の酒のようなものだ）

酒を愛し、（酒と肴が一因の）高血圧性脳出血で早逝した謙信らしい辞世の句ですね。

第一章　其の四

今も昔も不良の必須アイテム

タバコの歴史は戦国時代に始まった

戦国漫画でかぶき者がキセルを「ぷか〜」っと、ふかすシーンを見たことはありませんか？

健康上のリスクから喫煙に対する風当たりが強い今日この頃ですが、戦国時代の煙草は、どんな位置づけだったのでしょうか。

では『**煙草**』をテーマに歴史を振り返ってみましょう。

煙草を吸って頭がスカッとする理由

煙草の原料はナス科の植物『**タバコ**』です。葉に有毒で習慣性のある『**ニコチン**』を含み、喫煙程度の少量でも脳のアセチルコリン受容体に作用し**ドパミンじゅわわ〜**にします。ドパミンが出ると「快」な状態となるため、タバコを吸うと気分が良くなるのです。

しかし、ニコチン摂取を続けていくと身体が変化し「ニコチンいっぱいくるから、ニコチンがくっつくタイプのアセチルコリン受容体は少なくしちゃおう」となります。こうなると普通の状態ではドパミン不足となり、イライラや不安が生じて「**煙草吸いてぇよ！**」なニコチン依存症に陥ってしまうのです。ただし、精神毒性はないので、煙草を吸っても切らしても「**ピンクの豚さんが飛んでるぜ、グヘヘヘヘ**」と錯乱することはありません。

このヤニ切れによるイライラを「**ニコチン離脱症状**」と言い、喫煙終了後30分からはじまり、だいたい1時間で喫煙欲求が増大。症状のピークは3日以内なのでここを乗り切ればイライラは徐々に良くなります。

タバコといいますとその弊害として肺がんを真っ先に思い浮かべるでしょうが、発がん性の有害物質はニコチンではなく、代謝産物に含まれております。

煙草も梅毒も全部コロンブスが教えてくれた

さて、ひとしきりJTに喧嘩を売ったところで煙草の歴史について見てみましょう。

まず、原産は南米です。この地域には紀元前より喫煙文化があったようで、マヤ文明の遺跡には煙草を吸う神様の浮き彫りが残っています。

当初は占いや儀式に用いられていましたが、時代が下るに従い嗜好品としてたしなまれ、1492年、**コロンブス**が新大陸に上陸した時、先住民の間では文化として完全に根付いておりました。コロンブスは先住民のアラワク族から友好の証にタバコの葉を贈られたそうです。

ちなみに煙草に興味がなかったコロンブスはこれを捨ててしまった模様ですが、一部の乗組員がヨーロッパに持ち帰り、最初の頃は観賞用や薬用として栽培、そのうち嗜好品としての色合いを帯びてヨーロッパから世界へ広がっていきました。

日本へは鉄砲（種子島）と一緒に伝来したとか

日本にタバコが伝来したのは戦国時代と言われています（1543年鉄砲伝来のとき一緒に混ざっていたとか）。

最古の記録となりますと、1601年にスペインの修道士が徳川家康へ献上したタバコの種と、タバコから作った薬。喫煙に関する記録は1609年が最も古いそうです。この頃の喫煙はキセルによるものが主流でした。

その後煙草は、江戸時代初期に全国へ普及しましたが、当時は**非常に高価な薬品**として扱われ、喫煙できるのは金持ちの武士か商人ぐらい。火事の原因となることや、傾奇者が「**煙草吸う俺達って南蛮〜！**」とシンボルにしたため、幕府は度々禁止令を出しました。

今も昔も不良と言えば煙草なんですねぇ。

最初は禁止されていた煙草ですが、後に、幕府や藩の専売とすることで次第に許可されるようになり（結局、金かい！）、江戸中期には値下げもあって喫煙の習慣は庶民にも広がっていきます。

なんと、この頃既に「煙草は身体に悪いですよ」と指摘していた人もいたのです！

たとえば、養生訓で有名な『**貝原益軒**《かいばらえきけん》』。彼は煙草の毒性や病気の原因となりうること、習慣性についても書き残しています。やはり名を残す方は鋭い観察眼をお持ちですね。

がんリスクが1・5倍に上昇 寿命は10年縮んでしまう

20世紀に入り、煙草が工場で安価に大量生産されるようになると喫煙人口は爆発的に増加。それと共に様々な健康被害が指摘されるようになります。

1900年には喫煙による肺がんの増加が指摘されましたが、税金などの利権が色々絡むためなのか、紆余曲折を経ながら1960年代になってようやく、「**喫煙は、特に肺がんや心臓血管疾患に関して健康を脅かす**」という意見が主流となりました。

現在では、肺がんをはじめとする様々ながんのリスク上昇、動脈硬化による心血管疾患、肺機能の衰えによる慢性閉塞性肺疾患（ＣＯＰＤ）の原因になるなど、多くの病気との関連が証明されています。

ざっくりですが煙草を吸う人はがんのリスクが1・5倍になり、寿命が10年縮みます。これはテレビＣＭでも流れていますよね。

伊達政宗さんは規則正しく薬として吸っていたのだが…

さてここでようやく戦国ネタです。話がガラッと変わりますが、**伊達政宗**の死因をご存知でしょうか？

寛永11年（1634年）頃の食欲不振や嚥下《えんげ》（食物を飲み込む）時のつっかえ感にはじまり、約2年で腹水が出現したことから、『**食道がんとそれに伴うがん性腹膜炎**』ではないかと考えられています。

死の1ヶ月前、政宗は病をおして参勤交代で江戸に向かいますが状態が悪化し、途中の郡山からは嚥下困難に嘔吐が伴い何も食べられなくなってしまいました。江戸に着く頃には腹に腫れが生じていたそうです。

それでも政宗は絶食状態で約1ヶ月を過ごし、死ぬ4日前には伊達家上屋敷に政宗を見舞いに訪れた家光を行水して身を整え迎えました。流石**伊達男**ですね。

実は、政宗はかなりの健康マニアで、医者も顔負けの知識があったと言われております。そのため、当時は薬ともされていた**煙草を【起床後・昼・睡眠前】規則正しく3回吸っていた**ご様子。

これって健康に良かれと思ってやったことがまさしく裏目に出ちゃったのでは!? 薬として使用されてるっていうのが、なんとも…。

ただ、当時としてはかなりご長寿な68歳まで生きておられましたので、政宗さんには煙草の健康被害はあまり関係なかったのかもしれませんね。

保険診療の『禁煙外来』がオススメです

喫煙は、ストレス解消など良い面が無いわけではありません。

が、病気のリスクや経済負担を考慮するなら、禁煙したほうがよいでしょう。現在は条件を満たせば保険診療となる『**禁煙外来**』もありますので、自力でやめられない方は受診するのも良い手だてです。

余談ですが「呼吸器専門医」は非喫煙者でなければ取れないという制約があります。この点に関していえば、「医者の不養生」ということは許されないんですね。

ちなみに私は「糖尿病専門医」です。今のところ「お菓子を食べ過ぎる人は糖尿病専門医になれない」規約は無いのでダイジョブダイジョブ～♪

第一章　其の五

宇喜多直家は身内も上司もみーんな謀殺
されど本人は畳の上で
『尻はす死』

お昼休みは
ウキウキウオッチング
そっちどっち
謀殺♪

物語の脇役、特に悪役が魅力的だとワクワクしますよね。

皆さんは、戦国時代のヒール（悪役）って、誰を想像しますか？　信長をして大悪人と言わしめた松永久秀か、信長の舅にあたる斎藤道三、あるいは周りを暗殺しまくった『**宇喜多直家**』あたりでしょうか。

「平蜘蛛の茶釜と共に爆死」したとする松永久秀や息子・義龍に殺された道三は、その最期がよく語られておりますが、もう一人の謀将・宇喜多直家の死因は？

周囲に恨みを買いまくるような生き方でしたので、謀反や暗殺または討ち死に…と思った方も多いかもしれません。

しかし、正解は「**病死**」。実は畳の上で死んでいるのです！

では、悪逆無道の限りを尽くした直家がどのように生き、どのように死んだのか。病気の話をする前に直家の暗殺人生から語っていこうと思います。

良いとこの生まれなれど、放浪生活余儀なくされる

宇喜多直家は享禄2年（1529年）備前の生まれです。宇喜多直家の祖父、宇喜多能家は備前国で守護代を務める浦上氏の家臣で、お城（砥石山城）も所有する人物でした。

が、家中の権力争いで殺され、当時6歳の直家は父と命からがら逃げのび、放浪生活を余儀なくされました。

ゲームでいったら**ハードモード**からのスタートですね。

成人した直家は再び浦上家に仕え、メキメキと頭角を現すようになります。ここから直家の**暗殺人生**も始まったのです。

家中でのし上がるには暗殺しかない……本当にそうなのか？

天文18年（1549年）、直家は、主君の命令で砥石山を攻め、自身が生まれ育った城を奪還。

浦上家の中でチカラを付けていく直家を見て「**アイツはやべぇ**」と思った人物が中山信正です。信正は直家にやられないようにと娘を嫁に出し、舅となりました。

しかし直家は、全く容赦をせず信正に謀反の容疑をかけ殺してしまい、ついでにじーさんの仇、島村盛実も謀反の疑いをかけて殺害。戦いにおいても、裏道街道を邁進します。

永禄4年（1561年）の龍口城攻めでは「**城主が男

色家って聞いたんで美少年刺客を送っちゃえ」作戦を展開。これが見事にハマって相手の寝首をかき、直家はその混乱に乗じて城を攻め、難攻不落といわれた龍口城をいとも簡単に落としてしまいます。

さらに三村家親との戦いではスナイパーを雇って家親を暗殺。当時としては最先端の**鉄砲**を使った、まさしく**ゴルゴ**ばりの展開でした。

もはや暗殺マニアとしか思えない殺しっぷり

かくして周囲の勢力を駆逐し、浦上家臣で随一の勢力となった直家。なんてサラッと書いてみましたが、直家が攻めた中には前述の舅など、親戚も多くいました。直家に滅ぼされた松田家最後の当主「**松田元賢**」の正室は、なんと**直家の娘**です。

直家は松田家が援軍をよこさなかったことを不満に思い罠をしかけました。鹿狩りの際に松田家の重臣を射殺し「**鹿と間違えチャッタ。てへ**」と言い訳します。直家との仲がこじれることを恐れた松田側はコレを黙認しますが、家臣団との関係がビミョーになってきます。これぞ好機とばかりに直家は松田家の重臣・伊賀久隆を寝返らせ、彼と組んで城を攻めたのです。

元賢は戦死し、**正室であった娘は自害**。いやぁ、お父さんコレはあんまりですって……。

ちなみに裏切った伊賀久隆は直家の妹婿（ようするに義兄弟）なんですが、後に直家に毒を盛られて死んじゃいます。

もう暗殺が稼業と言わんばかりで、誰も止められないぜ、**オーマイガッ！**

チカラを付けたら?
そりゃ謀反ですよ、アッハッハ～

こうなったらやることは1つ、**下克上**です。

永禄12年（1569年）、直家は、織田信長や播磨国の赤松政秀と手を結び主君、浦上宗景に反旗を翻しました。

しかし、これは色々あって失敗し直家は宗景に降伏。私だったらこんな危険人物を生かしておかないですが、宗景は特別に助命してしまいます。

あ～あ、こりゃもう**フラグ**ですよね？　と思ったら案の定、直家は5年後に再度謀反を起こします。今度のパートナーは毛利で、直家は宗景を追い出すことに成功しました。

こうして備前を手に入れた直家は毛利家の配下で戦うのかと思いきや、数年で毛利と手を切り織田信長の家臣となります。そして毛利とドンパチを繰り返しました。

まさに戦国、昨日の友は今日の敵ですね。

しかし、毛利との戦いのさなか、ある病気が直家を襲います。**その病気とは『尻はす』**……すみません、病名聞いても全くわかりません。

『尻はす』って
一体なんなのさ!?

直家の死について書かれた文献を読みますと……。

『或説に、直家の腫物は、尻はすといふものにて、膿血出づることおびただし。是をひたし取り、衣類を城下の川へ流し捨つるを、川下の額が瀬にて、乞食共度々拾ひけるに、二月中旬より、此穢れたる衣類流れざるより、直家はや死去あり

しといふ事を、外にて推量して、皆之を沙汰しけるとぞ。』（引用／備前軍記）

尻はすと呼ばれる腫物からは、膿の混じった血が沢山出ることは分かりましたがそれ以上は不明ですね。近年書かれた読みモノでは「尻」というキーワードと出血から『**大腸がん**』では無いか？という説が多く見られます。

しかしながら、『腫物』という表現は主に『皮膚に出来た病変』を指す場合に使われます。大腸がんも腫瘤を形成するタイプがありますが体表から見ると目立ちません。

また、「膿と出血を拭き取った衣類を川に流して捨てた」との表現からも『身体の表面にできた腫瘤から膿や血が大量に出た』と解釈することもできます。

この場合は『**皮膚がん**』の一種ではないかと推測。小説「宇喜多の捨て嫁」では刀傷に出来た腫瘍が穢れた血膿を吹き出し、その様子が汚物を排泄する尻に似ていることから「尻はす」と呼ばれると表現していますが、この解釈良いですね！

こうした経過から『がん』であった可能性は高いです。何がんなのか？は、もうそっとしておいて下さい、判断つきかねます。

かくして謀略の限りを尽くした直家も病には勝てず、天正9年（1581年）の末頃に岡山城で病死、享年53歳でした。

『兄と会う時は鎖帷子ｂｙ宇喜多忠家』

身内に容赦の無い直家は、実の弟にもビビられており、『**兄と会う時は鎖帷子ｂｙ宇喜多忠家**』なんてエピソードも残っております。

ただ、家臣を粛清したことはなく、どちらかと言うと慕われるお殿さまだったようです。謀略まみれの直家ですが、病が重く気弱になった際、面白いエピソードが残されてます。

病身の直家が**「俺が死んだら殉死してくれるかな？」**と配下の連中に尋ねたところ、忠臣であるはずの戸川秀安に「坊さんなら天国に導いてくれるでしょうが、俺ら武士は殉死しても修羅道にしか導けませんから**ムリゲー**です。殉死は坊さんに頼んで下さい」と諫められます。これに対して、「理が通ってるよね、ゴメン殉死しなくて良いよ」と返事を告げたそうで、素直な一面が見てとれるのです。

確かに直家は敵を倒すのに多少（ではなく）汚い手を使っています。

が、領地を広げ家臣を養うためと考えると、『実は良い人だったのでは？』って思えてきませんか。

まぁ、親戚にいたら絶対イヤですけどね。

第一章　其の六

九州三国志の一角ながら、太りすぎて馬にも乗れず

龍造寺隆信の肥満注意報、発令！

群雄割拠で己の武力と知謀の限りを尽くした戦国時代。

大名たちの目的はズバリ「領土を広げること！」というと非常にカッコがよろしいですが、その一方でこの時代は寒冷な気候だったため、思うように作物が育たず、食糧を巡って殺し合いを繰り広げていた「リアル北斗の拳」だったという見方もあります。

ともかく食料不足だったのは間違いないようで庶民からしてみれば**「肥満」**なんて無縁の無縁。その一方で、権力者たる大名の中には丸々と肥え太り、それが原因で死に至った者もおりました。

本稿では、肥満という観点から戦国時代の患者を診察してみましょう。

身長170センチの場合72キロからが肥満です

まずは肥満の定義から。

肥満とは正常な人に比べて体重や体脂肪が多い状態を言います。ざっくりですが標準体重より20％オーバーしたあたりからを肥満と言い、指標として身長と体重から肥満度を計算できるボディマス指数（BMI）が良く使われます。

その計算式は……。

ＢＭＩ＝体重（kg）÷身長（m）の二乗

日本肥満学会では、右の計算式によって導きだされたＢＭＩが「22」を標準としており、25を超えると肥満度1、以後、ＢＭＩが5刻みにつき肥満度が1ずつ増えていきます。

この式に当てはめると、身長160cmの人は64kgから、170cmの人は72kgからが肥満。筋肉量の多い人は脂肪が少なくても高めに出てしまう等の欠点はありますが、簡単に計算できるので皆さんもトライしてみて下さい。ちなみに標準体重であるＢＭＩ22は、統計学的に1番病気が少ない体重です。

しかし、「肥満は病気ですか?」と聞かれたら、体重が多いだけで病気ではありません。肥満に伴いやすい糖尿病や高血圧がなければそうとは言えないのです。

ただ、ＢＭＩが25を超えるとそのような病気、いわゆる生活習慣病にかかりやすくなるため、十分な注意が必要です。アメリカ糖尿病学会の最新ガイドライン（2014年）では、アジア人は糖尿病になりやすい体質なので、ＢＭＩ23から要注意とあるのです。**きびし〜!**

さて、そんな肥満ですが、ただ単に太っているだけの**単純性肥満**と、ホルモンなどの病気で太ってしまう**症候性肥満**に分ける事ができます。

症候性肥満を起こす病気は、高血圧や糖尿病も引き起こしやすいので厄介。過度の肥満の人や、急激に体重が増えた場合は病院で相談してみて下さい。ただし、肥満の95%は単純性肥満です。

なお、高血圧や糖尿病がなければ肥満は病気でないと書きましたが、極度に太ると生活習慣病のリスクが高まる他、膝を壊したり、脂肪のせいで気道が狭くなって睡眠時無呼吸症候群になったり、ときには呼吸ができずに死ぬことすらあります。

ＢＭＩ35以上になると、それはもう**病的**。食事・運動療法はもちろん、薬物療法や場合によっては手術をする場合もあります。お医者さんに相談だ〜♪

知られざる巨漢武将 豊臣秀頼は197センチあった!?

先に申し上げたように、食べ物の乏しかった戦国時代は、現代と比べ、肥満はかなり少なかったと考えられます。

それに加えて体重の記録はあまり残っていませんし。よって、肥満武将を探すのは難しいのですが、そんな中でかなりの巨漢が、豊臣秀吉と淀君（茶々）の子として知られる**豊臣秀頼**でした。

その体格、身長はなんと6尺5寸（197㎝）で、体重が43貫（161㎏）！　多少の誇張があったとしても、ＢＭＩで41・5（肥満度4）に該当し、医学的にもかなり危険な感じです。

当時の平均身長は160㎝でしたので、とにかく迫力だけはハンパじゃなかったでしょう。母、淀君（170㎝）の遺伝ですかねぇ……。

少し時代は進みますが、伊達政宗のひ孫にあたる宇和島伊達藩の3代藩主・**宗贇**《むねよし》もかなりデカかったようです。

現在まで残っている甲冑の胴回りは約150㎝、すね当てはすねの部分の長さが40㎝で通常の2倍。推定身長は180㎝前後となり、お相撲さんだと「魁皇」にピッタリなサイズらしいです。

ちなみに魁皇さんは185㎝で173㎏（ＢＭＩ50・5）。やっぱ、大きい！

太りすぎて馬に乗れないや…

戦国時代のおデブさんと言えば、『**龍造寺隆信**』を思い浮かべる方も多いのではないでしょうか。

龍造寺隆信は、九州の戦国大名で、一時は同地方の覇者・島津氏に並ぶ勢力を誇ったほど。もとは僧だったにもかかわらず冷酷非情な人だったとされ、性格の悪さとその巨体から『**肥前の熊**』とあだ名を付けられております。

そもそも龍造寺家からして、かなり風変わりな一族かもしれません。

龍造寺隆信は享禄2年（1529年）、肥前の龍造寺分家に長男として生まれ、幼少期は大叔父の寺に預けられて育ちました。

が、天文14年（1545年）に父と祖父が謀反の嫌疑をかけられ、同僚の馬場頼周に殺されると、曽祖父の龍造寺家兼が隆信を連れて筑後へ脱出。その翌年、父と祖父の仇を打つべく挙兵するのです。

ひーじーさんがね！

この時、家兼は92歳で、まさしくスーパー老人。結果、見事に敵を討ち果たし、龍造寺家を再興させたのです。何度も言いますが、**ひーじいさんです！**

しかし寄る年波には勝てず、その直後に家兼は死去。僧を辞め、跡を継いだのが隆信でした。

隆信は、まず周防の大内義隆と手を組み、そのチカラを背景に家臣団を抑えこみました。

義隆が殺されたときには、家臣たちに城を追われ、絶体絶命のピンチに追い込まれますが、近隣大名の援助をうけて挙兵し、再び家長の座に返り咲きます。

そして天正6年（1578年）には肥前を統一し、大友と島津の争いに乗じては領地を拡大。まさに九州三国志の一角となって勇名を轟かせたのですが、この頃を頂点にして性格が変わってしまい、娘婿を謀殺したり、人質にとった相手を殺したり、これまでとはうって変わって内部粛清を行うようになりました。

天正12年（1584年）3月、配下の有馬晴信が龍造寺氏から離反すると、龍造寺サイドの諸国人が動揺しはじめます。

これを鎮めるべく隆信は、大軍を率いて、島津・有馬連合軍との決戦に挑むこととしました。その数、龍造寺6万人に対し、敵はわずか5千。仮に話半分だとしても5倍以上の戦力ですから、まかり間違っても負けるハズがない。にもかかわらず、なんとこの合戦で**惨敗**した上に、自身も討たれてしまうのです。なんで、こんな結末を迎えてしまったのか!?

この頃、隆信は、太りすぎて馬に乗れず、輿に乗って戦場に出向いていました。

同じく輿に乗って戦場に出向いたとされる大谷吉継が業病を患っていたことや、猛将として知られる立花道雪が落雷で足を悪くしていたのとは、まったく事情が異なりますよね。龍造寺さんの場合は、単に肥満が原因なのですから…。

しかも10倍位多い戦力で負けちゃうばかりか、輿に乗っていたため自身の居場所がバレバレで、首まで討ち取られるとは…あちゃ〜！

なんでも日ごろから部下に辛くあたっていたため、嫌気の差した側近たちが輿を放り捨てて逃げてしまい、それが討ち死にの原因というのですから、フォローのしようがありません。

ドコまでが真実なのか。確かに不明な点はございます。が、飢餓の戦国時代に、人の上に立つ大将が太っていたことは言い訳できませんね。

てなわけで、全国の戦うお父さんたち。適正体重を保ち、健康に気を配ることと同時に、部下や上司など、周囲の人に気を配ることも忘れちゃダメみたいですよ。サラリーマンは厳しい……。

第一章　其の七

ストレスフルな大名なんかより島流しの方がよっぽど長生き!?

忠《ただ》は92歳　秀《ひで》は83歳

『健康で長生きしたい』は、誰しもが願うことですね。

戦国時代でも徳川家康、伊達政宗、毛利元就などは医学にも精通した健康マニアでした。3人とも当時としては長寿にあたる70代の大往生。やっぱり健康に気をつけるのは大事なんですね。

しかし、本人が意図しない理由で長生きが出来た武将もおりまして……。

その代表が『**松平忠輝**』と『**宇喜田秀家**』の両名。2人とも享年80歳を超えるスーパー長生きだったのですが、その共通点って何だかご存知ですか?

答えは『**流罪**』です。

ストレスって身体に悪いんです!

戦国時代は、言わずもがな弱肉強食の時代。武将や大名の面々には日頃から相当な精神的ストレスがかかっており、生きた心地がしないこともあったでしょう。

では、江戸時代に入れば安定だったのかと申しますと、どっこい、家康、秀忠、家光あたりまでは情勢もかなり不安定。全国の大名たちは、幕府の顔色を常にうかがう必要があり、とにかくストレスフルだったと考えられます。

けど、それが何なん?　ストレスって、実際、どれだけ体に悪いの？　という疑問が湧いてくる方には、イギリスで行われた大規模研究の結果をお知らせしたいと思います。

心理ストレスを質問票で計り、**ストレスが無い人に比べ軽度のストレス群でも死亡率が１・２倍に上昇、重度の場合は１・94倍にまで増加**するという結果になったのです。

また、ストレスが心筋梗塞の発症率を上げるというデータは昔から知られており、これにはストレス時に出るカテコラミンやステロイドなどのホルモンが関わっていると考えられています。

これらのホルモンはごく短期的に見ると、戦闘時には有利となる血圧や血糖値の上昇を引き起こしますが、長期に分泌亢進が続くと血管を傷めてしまいます。

色々書くと長くなるのでこの辺にしておきますが、とにかく**ストレスは健康に悪い**のです。

これを踏まえて先の２人の生き方を見て参りましょう。

顔がキモいし切腹させた長男に似て怖い

松平忠輝は天正20年（1592年）、徳川家康の六男として生まれました。

しかし、母の身分が低かったため家臣に預けられ育てられ、その後も家康に嫌われ続けます。

その理由が「**顔がキモイから**」とか「**切腹させた長男・信康にソックリだから怖い**」なんて具合なのですから、たまったもんじゃありません。

その後、なんやかんやありながらも**伊達政宗の娘・五郎八姫《いろはひめ》**と結婚。慶長15年（1610年）には越後高田藩主75万石の大大名となります。

ハイ、ここが忠輝の絶頂期でした。せっかく大名になっても家康には嫌われっぱなしで、臨終に駆けつけるも城に入れてもらえず…。

その後、大坂の陣で無礼を働いた徳川秀忠の旗本を切り捨てたことなどが問題視され、24歳で伊勢に流罪となりました。原因は気性が激しかったためとも、義父にあたる政宗が忠輝を擁立してクーデターを企んでいたからだとも言われています。

ちなみに流罪の決定後、五郎八姫とは離婚。仲良し夫婦だったのに可哀想としか言い様がないですね。その後も忠輝は放免されることなく飛騨高山、信濃国諏訪と流配先を変え、死ぬまでの58年間は諏訪で過ごしました。

流罪といっても家来が85人いたようですし、俳句や茶を嗜んで穏やかな日々を過したとのことですから、なんだかなぁ〜。

諏訪藩の見張りもテキトーだったので裏口からこっそりお忍びでお出かけしたり、近所の鴨池で猟をして遊んだ話も残っております。もう、所ジョージさん並に人生をエンジョイしているのです。

実際、忠輝は今でも長寿の部類に入る92歳まで長生き。天和3年（1683年）に死んだとき、徳川将軍は実に5代目綱吉でした。もはや本人が生類憐れみの令だよ！

みんなに好かれたイケメンも関ヶ原で敗れ…

さてお次は、歴女に大人気のイケメン武将『**宇喜多秀家**』です。

秀家は、元亀3年（1572年）備前生まれ。父親は暗殺やら暗殺やら、ひたすら暗殺で有名な宇喜多直家です。10歳で父が死に（35ページ参照）、跡を継いだ秀家を色々世話したのが後に関白となる豊臣秀吉でした。

秀吉は秀家をことのほか気に入っておりました。跡を継ぐ段取りをつけたり、自分の養子にしたり、更にメッチャ可愛がっていた養女・豪姫と結婚させたりしております。

豪姫は、元は前田利家の娘だったのですが、子の無い秀吉夫婦に養女に出され、実の子のように可愛がられていた豊臣養子界では筆頭エリート。

後に秀吉がねねにあてた手紙にも「**豪が男だったら関白にしたのにぃぃ**」と書いてあったりして、目に入れても痛くないレベルの愛娘だったことが分かります。

そんな娘を嫁にもらったということからも、秀吉の秀家寵愛ぶりがうかがえるでしょう。

実際、政治の面から見ても秀家は豊臣五大老の一人でした。秀家は合戦に出ても勇猛果敢で大活躍（ただし贅沢好きで、内政面ではイマイチな一面も）。

読めませんでした。
正解はWebで!!
ぐぐって下さい。

そんな調子ですから、関が原の戦いでは当然ながら西軍。1万7000もの大軍を率いて積極的

に戦いましたが、敗北したのは周知の事実。秀家は**「陣に乗り込んで小早川秀秋ぶっ殺す！」**と激怒したとの話も伝わっておりますが、部下に止められ落ちのびます。

伊吹山に逃げた秀家は落武者狩りに遭遇しますが、ここで信じられないことが起こります。秀家の毅然とした態度に感服した相手が、なんと自分の家に40日も匿《かくま》い、豪姫が居る大阪の前田屋敷まで病人に偽装して送り届ける手伝いまでしたのです。イケメンパワー炸裂！

その後、島津義弘を頼って、薩摩で3年ほど匿われるのですが「島津が秀家を庇護している」と噂が立ち、その身柄は家康へ。

普通なら死罪ですが、島津忠恒や妻の兄にあたる前田利長の懇願により助命が叶い、34歳で八丈島へ流罪となりました。

そこからが実に長い。なんと秀家は八丈島で50年の余生を過ごすのです。

皆さんは、八丈島を訪れた経験がおありでしょうか？

気候は温暖で、海の幸は豊富。そのため現在も漁業は盛んで、焼酎も美味しく、とにかく快適な暮らしっぷりなのです。

秀家の生活には、もちろん不自由はあったようですが、妻の実家である前田家から隔年で米70表と金35両、衣類や薬品などが送られ、また旧家臣であった花房正成も米などの援助を続けました。

しかも、です。前田家からの援助は実に明治維新まで続き、花房正成も「花房家がある限り秀家を援助するように」と遺言を残していることから相当好かれていたと考えられます。

もはやイケメンパワーなんて一言では片付けられない愛されっぷりですなぁ。

ともかくストレスのない生活は、寿命にモロに直結することがうかがえると思います。

福島正則の戦国気風残る素敵エピソード

この先は、医学からかなり脱線しておりますが、もう一つ逸話をご紹介しておきましょう。

酒好きで有名な福島正則が、上方から江戸に酒を運ばせた船が嵐に遭い、八丈島に避難した時の話です。

色黒で痩せぎすの四十男が近づいてきて**「どこからどこへ行く舟ですか？」**と家来の武士に聞きました。

「私たちは福島正則の家来で、江戸に酒を運ぶところだ」

「そうですか。では、酒を少しくれませんか。飲んで故郷の恋しさを忘れたいのです」

「さては流人ですね。何の罪で流されたのです？」

「今さら隠してもしょうがない。私は宇喜多中納言の成れの果てです」

目の前にいたのは、豊臣時代に栄華を極め、イケメンとして知られたあの**宇喜多秀家**。驚いた家来は、酒1樽と肴を置き、江戸に戻ったのです。

問題はそこから。その家来は帰還後、宇喜多秀家に酒を1樽贈ったことを正直に目付けへ報告しました。と、これを聞いた正則はその家来を呼び出します。

よもや**打ち首**か。一瞬、極刑まで覚悟した家臣に、福島正則は言うのでした。

「天晴れ、お前は出来た奴だ！」

正則はゴキゲンにこう説明したのです。

「オレにとって酒樽1つなんて大した痛手ではない。しかし、主君の許可がとれない場面で、見知らぬ相手に酒樽を1つ贈るのは**中々勇気がいる行為。**

誠に良くやった！　もしお前が俺に遠慮し、酒を贈らずにいたら、正則がケチだから部下も無粋なんだろうと、宇喜多に蔑まれ、無念なことになっただろう。

しかも、多くの樽から少しずつ取って渡すのではなく、また、嵐で酒樽が一つ無くなったと報告するのでもなく、正直に話したところが**さらに良い。アッパレじゃ！**」

まったくもって、戦国気風が残る、素敵なエピソードですよね。

なお、秀家が亡くなったの明暦元年（1655年・享年83歳）、幕府はすでに4代将軍・家綱の時代でありました。

第二章　感染症科

第二章　其の一

ダンナは日本一の裏切り者にして
メンタルイケメン
天然痘の熙子《ひろこ》さん

皆さんは「**熙子**」という戦国時代のお姫さまをご存知ですか。

すぐにピンときた方は中々のマニア。彼女は美濃の戦国武将・**妻木広忠**の娘です。

広忠は近隣勢力に対抗するため、当時ではよくあった話ですが、娘の熙子をある武将と婚約させました。婚前に面会した若い2人は長時間話し込み意気投合。政略結婚なれど、幸せな未来が期待されておりました。

ところがそこへ、突然の不幸が舞い込みます。花嫁修業の最中、熙子が**天然痘**に襲われたのです。

一命は取り留めたものの彼女の身体は痘痕《あばた》だらけ。父の広忠は悩んだ末に婚約者の元へ瓜二つの妹を熙子として送りだしました。

しかし洞察力の鋭い男はそれをすぐに見破り、「**どうしてこんなことをするのか**」と広忠に問いただします。

理由を聞かされた婚約者の放ったセリフは、実に女心を揺さぶるものでした。

「**私が結婚相手と決めているのは他でもない熙**

子さんです。痘痕は関係ありません」

いやぁ、カッコイイ。女なら言われてみたい。

と、散々引っ張りましたが、このイカすダンナこそ、天下の謀反人**『明智光秀』**だったのです！

愛し愛され
生きるのさ

2人の生活は決して順風満帆ではありませんでした。

光秀は美濃の斎藤道三に組みしていたため、息子の斉藤義龍に本拠を攻められ、いきなり浪人の身分へ。食うや食わずで生活は困窮し、熙子は自慢の黒髪を売って、家計の足しにしたほどと伝わっております。

嫁に抱きついたから
敵は本能寺！

貧乏だった2人も織田信長に出会ってからは生活が一変します。

超多忙になった分、生活も豊かになり、熙子の痘痕も薄っすら残る程度に。

「明智光秀の妻は天下一の美女である」

いつしか、こんな噂が織田家内を巡り、これを聞いた信長は一目見てやろうと彼女に登城を命ずるのです。

そして信長は、長廊下の物陰に潜み、通り過ぎるところで抱きついてみました。驚いた熙子に扇で**こっぴどく叩かれた**ようですが、まさか信長さんも本気だったワケじゃないですよね。

もしも本能寺の変の理由が**「オレの嫁に手ぇ出しやがって（怒）」**だったとしたら、さすがに浮かばれませんよ…って、そりゃないか。

ともかく、熙子の娘には美人と名高い**『細川ガラシャ』**もおり、母娘そろって綺麗な顔立ちだったのは容易に想像できます。

熙子は、病気になった光秀の看病疲れで体調を崩し、それから間もなく死んでしまいますが、最後まで光秀ＬＯＶＥなハッピーライフでした（たぶん）。

熙子の存命中、光秀が側室を娶らなかったのは本当に奥さんのことが好きだったのでしょう。

根絶された天然痘

天然痘に関わる、お姫さまの嫁入り話は、実は他にもあります。

それは毛利元就三本の矢の一人・**吉川元春**の嫁取り話です。

彼の正室もまた、嫁入り前に天然痘を患ったと思われ、家中では「不美人」という噂が広まっておりました。

しかし元春も光秀同様に妻を愛し、側室は取らずに戦国の世を駆け抜けております。身分の高い女性と見れば、誰かれ構わず手を出した豊臣秀吉とは大違いですね。

ともかく、こうした逸話が残るほど、当時の女性にとって天然痘は大敵でありましたが、転機が訪れたのは戦国から約200年も後の1778年でした。**『ジェンナーによる牛痘接種』**の開発が進んだのです。

牛の世話をして牛痘に罹った人は、その後、天然痘に罹患しない――。

そんな現象に注目したジェンナーは研究を重ね、1796年に使用人の子に牛痘を接種、その後に天然痘を投じても発病しないことを証明しました。

現代だったら完全アウトの人体実験ですね。

牛痘は牛の感染症ですが人間にも感染します。人が罹った場合は症状が軽く痘痕も残りませんが、同じポックスウイルスである天然痘の免疫を獲得できるのです。近年のＤＮＡ解析では、牛痘と天然痘ウイルスの塩基配列が極めて似ていることが判明しております。

当初、牛痘は**『接種するとウシになる！』**なんて恐ろしい俗説がまかり通り、忌み嫌われておりましたが、天然痘の大流行を契機に普及が進みました。

日本に伝わってきたのは、例の人体実験から53年後の嘉永2年（1849年）。佐賀藩を始めとした各藩に種痘所が設立され、種痘が普及していきました。そして戦後に1度だけ大流行しましたが、1955年を最後に確認されておりません。

また世界を見渡しても、1958年にＷＨＯが**「世界天然痘根絶計画」**を可決し、患者の封じ込めと接触者へのワクチン接種を徹底。1977年を最後に新たな自然感染はなく、1980年を最後に根絶宣言が出されました（現在、天然痘ウイルスはアメリカとロシアの2国のみに保管）。

人類がようやく勝利したわけですね。

バイオテロの恐怖！

天然痘ワクチンは副作用が大きく、根絶宣言以降は定期接種から外れております。日本でも1976年から特殊な場合を除いて接種されていません。

種痘ワクチンの効果は通常10～20年と永続ではなく、接種世代での抗体保有率は約1／4、30代より若いワクチンなし世代では免疫ゼロです。

このような状況で、万が一、天然痘ウイルスが**バイオテロ**に使われたら？

被害が計り知れないものになる可能性がありますよね！　美しい姫があばた顔になる悲劇が繰り返されないことを切に願います。ほら私も美人だしぃ～（ボソッ）。

第二章　其の二

伊達政宗に大胆エピソードが多いのは

難病・天然痘に打ち克てたから？

仙台・伊達政宗のアダ名といえば、「**独眼竜**」。皆さんご存知、右目がつぶれており、それが人気にも拍車をかけておりますが、そもそもなぜ彼は片目になってしまったのか？

政宗を独眼にした「**天然痘**」について前話に引き続きみていきましょう。

強い感染力、高い致死率
治っても皮膚に醜い痕跡が……

天然痘は、正式には『痘瘡《とうそう》』という病名です。痘というのは「皮膚に痕が残る病気」という意味を持ち、瘡には「皮膚のできもの、腫れもの、カサブタ」を意味があります。名前から分かるように強烈な皮膚症状を伴います。

まず天然痘ウイルスに感染すると1～2週間の潜伏期を経て、40度の高熱にうなされ、頭痛・腰痛などを発症します。ただし、2～3日でいったん解熱。この時点ではまだ感染力をもちません。

しかし、解熱したのも束の間、頭部から顔面を中心に丘疹ができ、全身に拡散。そして発症後7～9日でこの丘疹が化膿して膿疱になり、これに伴い再び40度の発熱を生じるのです。もし、この病変が皮膚に限られているのであれば、さほど怖い病気ではないでしょう。

天然痘の真に恐ろしいところは、呼吸器や消化器といった内臓も皮膚と同じように侵されることです。その結果、重度の炎症と臓器不全により30

〜40％の人が**死亡**してしまいます。また、膿疱期は感染力が強く、1人の患者から10〜20人もの人が新たに感染するとのデータもあるほど。

無事にこの数日間を乗り切ると膿疱は痂皮（かさぶた）となり、発症後3週間で治癒します。

仮に一命をとりとめても、顔に醜い瘢痕が残ってしまう場合が多々ありました。そのため江戸時代には「**見《み》目《め》定《さだ》めの病**」と呼ばれていたほどです。

天然痘の炎症は激しく、その病変は皮膚だけでなく眼にも及びます。

大正6年の新聞には「天然痘のうち結膜炎、角膜炎を合併する率は30〜42％。天然痘による角膜炎は重症化しやすく84人中12人が失明した」との記事があります。

ざっくりですが、天然痘で生き残った人のうち数％に眼の障害が残ったと推測。両眼を失明し、全盲になる人もいたようで、本当に怖い病気なんですね。

EXILEもたじたじ!? 世紀のパフォーマー

伊達政宗は永禄10年（1567年）、伊達氏16代当主・伊達輝宗と、その正室・義姫（最上義光の妹）の間に嫡男として生まれました。

天然痘にかかったのは、幼少時（5歳頃）。か

ろうじて一命をとりとめたものの、**右目を失明**してしまい、そのコンプレックスから幼い頃は引っ込み思案な少年となってしまいます。母である義姫も、そんな政宗を嫌い、次男を可愛がるようになりました。

しかし、青年になった政宗は突如変貌を遂げます。

15歳の初陣から大活躍を見せ、天正12年（1584年）に18歳で家督を相続すると、周りの国々を次々と屈服させ、領地を拡大していきました。

とても内気だったとは思えない大胆エピソード満載ですが、現代における彼の人気を不動にしたのは、小田原遅参の死装束でしょう。

家督をついでからわずか4年で陸奥・出羽を平定した政宗は、天正18年（1590年）、秀吉の小田原攻めに遅れて顔を出します。

むろん、これに秀吉は激怒。前田利家を遣わして遅参の理由を問いただします。と、政宗は飄々と答えます。

「**千利休が小田原に来ていると耳にしました。茶を習いたいですね**」

こうした問答と、その後秀吉との白衣の死装束でのご対面でやたらと気に入られ、ピンチを切り抜けました。朝鮮出兵（文禄の役）の際にも、配下の武士たちには絢爛豪華な鎧兜をまとわせ、京都っ子のド肝を抜く**カーニバル**をやってのけております。一言で表するならパフォーマー（あるいは当時だったら傾奇者？）。しかも命懸けだから、EXILEだって勝てない。

そんな政宗のトレードマークと言えば、右目の刀鍔《かたなつば》による眼帯ですが、これはぶっちゃけ**ウソ**であります。

肖像画にせよ、木像にせよ、政宗は眼帯を付けておらず、場合によっては少し小さめな右目が描かれているものもあるほど。

なぜなら「たとえ病気といえど、親からもらった右目を失ったのは親不孝」と考えた政宗が「像を描く時は両眼が整ったものにしなさい」と遺言を残したからです。生き様こそ大胆な政宗ですが、やはり心のどこかには多少のコンプレックスがあったのですかね。

では、あの眼帯のイメージはいつからなのか？それはどうやら昭和に入ってからのようで、1942年の映画『独眼龍政宗』で、主演の片岡千恵蔵が刀鍔の眼帯をつけたスチールが残っております。そこへ渡辺謙主演の大河『独眼竜政宗』が登場し、以降、決定的な表現となったもよう。あだ名の『独眼竜』については、死後100年以上が経過した江戸文政期からでした。

ピンチでは片眼も活用

ちなみに私が一番好きなエピソードは豊臣秀次の謀叛未遂事件です。

秀吉の親戚にして関白だった豊臣秀次が謀叛を疑われ、自害に追い込まれるという事件ですが、これに関わったとされる伊達政宗は、秀吉に対してこんな弁明を述べたとか。

「秀次様と私が親しかったのは事実です。が、関白さまの立派な眼をもってしても見誤るのを、片目の私が見誤ってしまうのは当然ではないでしょうか」

もうね、なんというか、ツッコミどころが満載のようで、その実、何もつっこめないという…。

空港でのコカイン所持が発覚し、「**もうパンツは履かない**」と豪語した勝新太郎さんと伊達政宗には、現代社会の男性たちでは絶対に勝てない。そんな気がします。

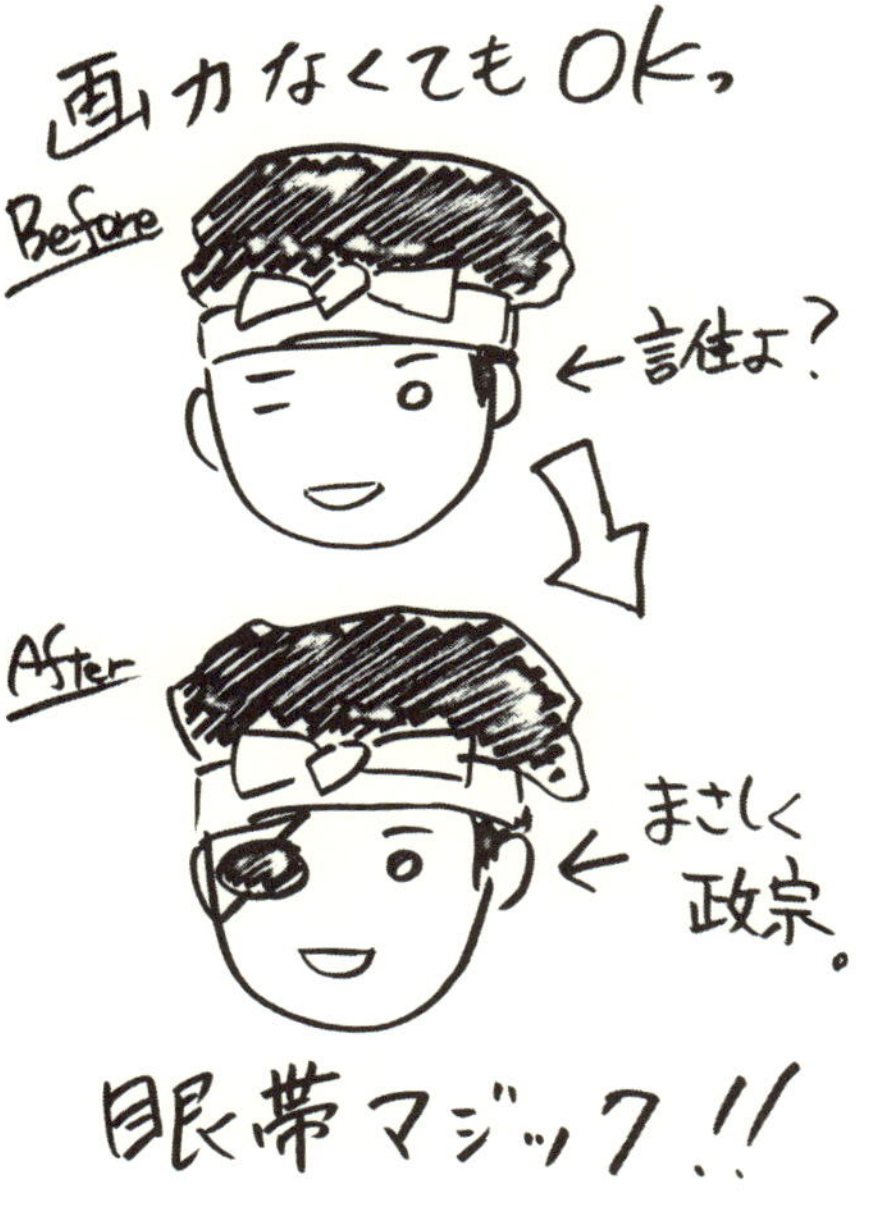

第二章　其の三

あの黒田官兵衛が梅毒だって!?

鷹の名に　お花お千代は きついこと

加藤清正、浅野幸長、黒田官兵衛、結城秀康…。

彼らはみな戦国期の華とも呼べる豊臣恩顧の有名武将ですが、そんな４人に共通するものって何だか想像つきます？

答えは「梅毒」です。ぇぇ、**性病**のアレです。

梅毒は、歴史が浅く15世紀末、突如歴史上に登場しました。起源は諸説ありますが、その中で最有力視されているのが**コロンブス**。彼ら探検隊がアメリカを発見した際、現地女性とねんごろになったためヨーロッパに梅毒が持ち込まれ、そこから世界中に広まったというのです。

この説は、コロンブス帰国から梅毒発生までの期間がやや短いという難点がありますが、それ以前の人骨に梅毒の痕跡が全くないことが有力な証拠となっています。

日本史での初登場は永正９年（1512年）で、当時の京都で大流行したとの記録があります。コロンブスのアメリカ発見からわずか20年。探検家も海の男たちも、みんな、ホンマにお好きどすなぁ。

症状は４段階 ３期では鼻が欠落することも

梅毒は、スピロヘータの一種である「梅毒トレポネーマ（Treponema pallidum）」によって起こります。漫画『動物のお医者さん』で大学院生の菱沼さんが「パリダちゃん」と呼んでいたやつです。あの野口英世も研究したことのある細菌なんですよ。

潜伏期間は、約1週間〜2ヶ月で、臨床経過は4期に分かれます。抗生物質がよく効くため、現代の日本では3期以降の患者を見るケースは殆どありません。その名の由来については、梅毒の皮膚病変がヤマモモ（楊梅）に似ていたからだそうです。

では、期別にその症状を記しておきましょう。

第1期

梅毒に感染するとまず感染部位にコリコリとしたしこりができ、しばらくすると濃みます（硬《こう》性《せい》下《げ》疳《かん》）。次に腿の付け根にあるリンパ節が腫れ（横《おう》痃《げん》）ますが、これらの症状に痛みはなく、放っておいても2〜3週間で消失。江戸時代では、この「横《よこ》痃《ね》」ができると、遊郭通いをした一人前の男と見なされたそうで……。

第2期

感染後3ヶ月が過ぎると、梅毒トレポネーマは全身に広がります。全身のリンパ節が腫れたり、顔や身体にバラ疹と呼ばれる発疹が現れたり。陰部や肛門部に丘疹ができ、部分的な脱毛を起こすこともあります。この脱毛は鷹の羽が生え変わる時期に例えて「鳥《と》屋《や》につく」と呼ばれました。

梅毒は、2期が消失した後、数年は症状が無くなります。また梅毒にかかった遊女は妊娠しにくくなるため「**遊女は鳥屋について一人前**」と重宝がられました。こちらも、いやはやですなぁ。

なお、1期と2期は感染力の強い梅毒ですが、それから暫くはなりを潜め、感染力もなくなります。人によってはこの潜伏期間が数十年に及ぶこともありました。自然治癒もなかったわけではないようです。

第3期

梅毒が3期になると、ゴム腫と呼ばれる弾力性のある皮膚病変が現れます。こうなると容貌が崩れ、遊女としてはお終いとなり、吉原を追い出されます。

よって、夜間の薄暗闇の中でだけ男を相手にする「夜鷹」の中には、第3期の人もそれなりにいたようです。彼女らは、手拭いで顔を隠していたのですが、ゴム腫で鼻が欠落することもあったようで、こんな川柳も詠まれています。

『鷹の名に　お花お千代は　きついこと』

野暮ったくなるので解説はしませんよ。

第4期

梅毒感染から10年以上の年数を経て4期になると、梅毒は様々な重篤症状を呈します。

骨や血管がやられる場合もありました。未治療の梅毒のうち5％は神経梅毒となり、こうなるとハッキリいって悲惨です。脊髄が侵され麻痺をきたし、脳も侵され**廃人状態**になります。最後に待つのは**死**です。

こんな悲惨な梅毒ですが歴史上の有名人も結構かかっちゃったようで、冒頭で挙げた戦国武将4名のうち、本書では、**結城秀康**と**黒田官兵衛**について経過を見て参りましょう。

鼻を隠すとは何事か 武士ならそのままでいろ！

結城秀康は天正2年（1574年）、徳川家康の次男として生まれました。

母は正室の女中で身分が低く、家康に嫌われたせいで、3歳まで対面を許されませんでした。ここで顔がラブリーな子であったら、父の態度も変わったのかもしれません（が、秀康は生憎のサカナ顔でして…）。

5歳の時に兄・松平信康が信長に自刃させられると、秀康は家康の一番年上の男児となりました。徳川家の後継者となる立場に踊りでたのです。

が、運命とは権力者次第でどうにでもなるのですね。天正12年（1584年）、小牧・長久手の戦いで豊臣と徳川が和議を結ぶと、その条件として秀吉のもとへ秀康が養子に出されるのです。そしてその後、秀吉に実子が誕生すると、今度は結城家へ養子に出されてしまいました。

なんという悲運の持ち主なんでしょうか。秀康は、武将としても有能で、礼節にも優れたデキる子ちゃんだったようですが、結局、徳川の跡継ぎとはなれず、越前北庄67万石の大名となっております。

そんな秀康ですが、これまた不幸にも若くして梅毒を患い、鼻が欠けておりました。3期の症状ですね。それに絡んだ可哀想なエピソードがございます。それは秀康が、父・家康を訪ねた時の話です。

病気を押してきた秀康に対し、当初、家康は大喜びし、豪華な宴会の用意までさせました。

しかし、途中で態度を豹変させます。「秀康が欠けた鼻を隠すため膏薬を貼っている」と聞くと途端に不機嫌になり、なんと追い返してしまったのです。

なんでも家康は**「病気で身体が欠損するのは自然であり恥ずべきことではない。表面だけ取り繕うのは公家や町人のやることで、武士のすることではない」**と考えていたようですが、病状の身でやってきた息子を追い返すのは果たして侍のやることなんでしょうか……。

結局、秀康は34歳の若さで亡くなりました。もちろん梅毒が原因です。

愛妻家で、天才軍師と評された黒田官兵衛が

黒田官兵衛といえば、秀吉の参謀を務めた知将のイメージが強いですよね。2014年にはV6の岡田君が主役で**大河ドラマにも成るほど**数々の逸話を持つ傑物でもあります。

経歴を追ってみますと、まず生まれは天文15年（1546年）で、場所は姫路。父は播磨の大名・小寺《こでら》政職《まさもと》に仕えており、官兵衛も16歳で近習となります。ドラマでは片岡鶴太郎さんが小寺を演じていましたね。

官兵衛は若くして信長の才能を見抜き、主君・小寺に織田への臣従を勧め、実際に配下となります。が、荒木村重の反乱によって、その全てがご破算。官兵衛は村重説得のために出向いた有岡城であえなく**幽閉**され、1年間も土牢に閉じ込められてしまうのです。

それは凄まじく劣悪な環境で、寝る時に横になれぬほどの狭さでした。このため官兵衛は身体を壊し、髪の毛はマダラに抜け落ち、頭部には醜い腫瘤ができ、さらに足は曲がったままになってしまったのです。牢から救出されたとき、自分では歩行不可能だったほどですから、その厳しさがご理解いただけるでしょう。

結局、官兵衛はこの時の後遺症で左足関節が不自由になり、以降は戦場で輿にのるようになったそうです。

しかーし、チョット待った！

実はこの有岡城での出来事は、全く違った説もありまして。それが**梅毒説**なのです。

まず、頭部にできたマダラ禿げですが、部分的な脱毛は2期梅毒によく見られる症状です。同じく頭部にできた腫瘤は3期梅毒のゴム腫と見ることもできます。

また、左足の障害ですが神経梅毒の症状と考えることも可能。この症状を「梅毒性脊髄炎」と考察している本もありましたが、左足関節の障害と、有岡城から死去まで約25年と長いことを考慮すると、梅毒性の髄膜炎と神経障害からくる**『シャルコー関節』**が、まりのアレンジ説です。

シャルコー関節は、神経障害性関節症とも呼ばれるもので、梅毒、糖尿病などで感覚を伝える神経が損傷すると、痛みに鈍感になり、そのため関節が傷ついても気付かず、積もり積もって破壊性の関節障害を発症してしまうのです。

そしてこの障害は永久的なものになりまして、理論上は、どの関節にも起こりますが、多いのは膝か足関節。ほとんどの場合、1関節のみの障害で2〜3個同時に発生するのは稀です。

そう考えると、官兵衛の左足関節と一致しませんか?

晩年の奇行は神経梅毒が進行したのでは?

さらに有岡城の幽閉に関しては、村重が病気の官兵衛を看病していたなんて説まであるんですよ。

有岡城落城後、村重の一族は信長の命令で女・子供たちまで軒並み処刑されてしまいます。しかし当の村重本人はしぶとく落ち延び、本能寺の変後は茶人として復活、秀吉に仕えるようになりました。

有岡城落城4年後の官兵衛から村重へ宛てた手紙には「**秀吉のお供で姫路に来られると思っていたが、おいでにならず残念。機会があったら会いたいね**」と記されていたとか。

まぁ、社交辞令といわれたらそれまでですし、行間に「**姫路に来たらぶっ殺す!**」という思いがあるのかもしれませんが……割とそのまま受け取ってもいい気がするのは私だけでしょうか。看病の礼がてらお酒の一杯でも、と思ったような気がしてなりません。

さて、有岡城から救出された後の官兵衛は、秀吉の下で鳥取城の兵糧攻めや高松城の水攻めに参戦。高松城攻めの際は水を堰き止めるための堤防作りが難航し、そこで「土嚢を積んだ船の底に穴を開けて沈め、代用品を作る」など、まさにキレッキレの天才軍師ぶりを発揮しております。

が、晩年は家臣をひどく叱りとばすなどの奇行もあり、これは神経梅毒が進行したのでは？　という考察もできますよね。

まぁ、このエピソードは、息子長政のためにわざと奇行を繰り返し、**「家臣が俺に愛想を尽かして早くお前の時代になるためにやってるんだよ」**と耳打ちしたなんて話の方が有名ですが……。

むろん真実は闇の中、死因も梅毒だったとは断言できません。結局、当時としては長寿の59歳まで生きました。

ペニシリンですっ（どや顔）

最後にオマケ。

戦国〜江戸時代を通じ、根本的な治療法がなかった梅毒ですが、1928年に画期的な治療薬が開発されました。

『ペニシリン』です。

漫画『**JIN―仁―**』の世界で、ペニシリンは青カビから抽出され、細菌の発育を抑える抗生物質として重宝されました。梅毒にも使ってましたよね。梅毒に対しては未だペニシリン耐性を持った菌は発見されておらず、先進国では完治可能な病気となっております。

だからと言って遊びまくってよいとは申しませんよ。性感染症の中には、他にもっと怖い病気が数多あるのですから……。

第二章　其の四

真田昌幸・幸村親子の怨念が徳川家康を死に追い込んだ!?

サナダムシの恐怖

おしりの穴にセロファン当てて、マヌケなかっこで**ピリピリピリ…。**

日本人なら誰しも幾度も通ってきた、屈辱の『ギョウ虫検査』が平成28年度から撤廃されることとなりました。

お察しの通り、日本の衛生環境が戦後から高度経済成長期、平成へと移るにしたがって劇的に改善、寄生虫の感染が激減したからであります。

言い換えれば昭和以前の日本人は常に寄生虫に苛まれてきたのであり、これは戦国時代のヒーローたちとて無縁ではありませんでした。

その中で『**サナダムシ**』は江戸幕府を開いた徳川家康と、その家康を大坂の陣であと一歩まで追い込んだ真田幸村が深く関係しているという話があります。

ん？　**真田**と**サナダムシ**？　もしかして偶然じゃなかったの？

はい、そこには面白い関わりがあったのです。

関ヶ原の戦いで負けた真田親子の「紐」が由来？

実物を見たことはなくても『**サナダムシ**』という名前は有名ですよね。

びろびろびろ〜んとヒモの様に体が長く、いかにも気色の悪い連中ですが、そもそも特定の生物を示すのではなく『条虫』類の**総称**であります。

具体的には、有鉤条虫《ゆうこうじょうちゅう》や無鉤条虫《むこうじょうちゅう》、広節裂頭条虫《こうせつれっとうじょうちゅう》など、色々な種類を引っくるめてサナダムシと言うんですね。

面白いのは、その名の由来でしょう。というのも、2016年放映の大河ドラマ『**真田丸**』で注目されている真田家に関わりがあるのです。

主人公の**真田幸村**さんが条虫持ちで有名だった――というワケではなく、見た目が「**真田紐**」に似ているからだそうで……。説明が一文でスッキリできずに申し訳ありません。

「**真田紐**」とは、関ヶ原の戦いで負け、九度山で謹慎していた真田昌幸・幸村親子が作っていた「平たい紐」のことです。

彼らはこの紐を堺の商人に委託販売し、行商人が「**真田の作った強い紐だよ〜！**」と言って売り歩いたことから後に日本中へ知れ渡ることとなりました。真田というだけで、『なんだか強そう！』というブランドイメージがあったのかもしれませんね。

そんなところから命名されたサナダムシですが、実はこれが「**家康の死因**」にも関係していたとしたら、なんだか運命のイタズラを感じちゃいません？

「家康って鯛の天ぷらにあたって死んだんじゃないの？」

「イヤイヤ、家康は胃がんで死んだんでしょ？」

という皆さんのツッコミはもっともですが、家康の死の背景にはもう少し面倒な事情があったのです。

たしかに鯛の天ぷらを食べ過ぎ腹痛も起こしました。が…

家康はバリバリの健康マニアでした。

鷹狩りで激しい運動もこなし、漢方薬は自ら調剤。性病が怖いせいなのか、いかがわしいお店にも行きません。

そんなＭｒ・ヘルスな家康さんでしたが、当時、大流行していた「寸白《すばく》（サナダムシのこと）」には散々悩まされており、特効薬とされた「万病円」という下剤をたびたび愛用しておりました。

この「万病円」が家康の死期を少しだけ早めてしまうのです。

ときは元和2年（1616年）1月、大阪の陣で豊臣を滅ぼしてから半年が過ぎ、ホッと一息の家康は駿河の田中城で鷹狩りを楽しんでおりました。

そこへ挨拶にやってきたのが御用商人・茶屋四郎次郎。彼が上方で衝撃を受けたという鯛の天ぷらを家康に紹介します。

「すりおろした鯛を油で揚げ、ラッキョウを掛けて食べるのがブームです。自分も食べましたが大変美味でございます」

このときたまたま駿河湾からの献上品の鯛があり、実際に試したところ、これが美味いのなんの。ラッキョウが付け合せというのも何だかなぁと思われるかもしれませんが、ともかく家康はこれにハマって食べまくり、食後から4時間後、腹痛に襲われます。

私の勘ですと、たぶん単なる**食べ過ぎ**です。決して死因ではありません。

それが証拠に家康はすぐに元気になって鷹狩りを見学し、駿府に戻っているのです。

問題はその後のことでした。

伊達政宗の書状にも記されていた「お医者さんも大変だね」

1月下旬になって、食欲不振や胸のつかえ感、腹痛に襲われた家康は、例によって「万病円」を飲み病態をドンドン悪化させてしまうのです。

実はこのとき主治医は、別の診断を下しておりました。腹部にシコリを感じており、負担の重い「万病円」を控えるように進言していたのです。


しかし、権力者で自ら薬を調剤しちゃうような健康マニアだっただけに、医師の診断を信じられなかったのでしょう。家康は、主治医のお目通りを**禁止**にしてしまいます。このシコリ、「積《しゃく》」と表現されており、固定制の境界明瞭な塊、すなわち**がん**だったと推測されますので、医師の判断が正しかったのです。

伊達政宗の書状にも、次のように記されておりました。

「大御所さまは病気が長引いて気の毒だ。医師の水薬も胸につかえて少ししか飲めない。どうせ効かないだろうとお手製のキツイ薬を飲んでいる。医師たちも治療しにくいみたいだね」

なんだか、頑固な大企業の会長に対し、部下たちと医師団が手を焼いている感じですね。

そうこうするうちに社長、いや将軍・秀忠が**「万病円はキツ過ぎてかえって寿命を縮めるから誰か**

止めろよ」と気をもみ、誰も怖くて言えない中、例の主治医が再び頑張るのです。

「大御所様、万病円はおやめくだされ」

「うっさいわ、ハゲ！」

結果、信州に左遷で、あちゃー（家康の死後にちゃんと呼び戻されますのでご安心を）。

そして、家康の病態は改善することなく、田中の鷹狩りから3ヶ月後の4月17日、この世を去りました。

当時の医学水準では、胃がんになった場合、遅かれ早かれ死亡します。

しかし、周りの意見に耳をかさず「お腹が痛いのはサナダムシ」と決めつけて下剤を飲みつづけたことは、いくらか寿命を縮めたことと思います。

そうそう、サナダムシの語源についてこういう説もあるんです。

「真田は虫になってまでもこの家康を苦しめる」

たぶん後付でしょうけど、なんだか怖いですよね。

有鉤条虫の場合、最悪、死に至ることも

さて、ここからは現代医学のお話です。

サナダムシとは、先ほど述べたように条虫の総称です。

牛肉から感染する無鉤条虫《むこうじょうちゅう》、豚肉から感染する有鉤条虫《ゆうこうじょうちゅう》、魚（サケ・マス）から感染する広節裂頭条虫《こうせつれっとうじょうちゅう》。条虫の幼虫が生息している肉を生や加熱不十分で食べることで経口感染します。

ちなみに家康の時代にはウシ・ブタを食べる習慣はなかったので、流行っていたのはサケ・マスから感染する広節裂頭条虫ですね。

条虫は、長いもので10ｍになります。このように長い節が連なるタイプは頭部とそれに連なる体節から出来ており、節の1つ1つが個体です。つまり連結しているだけなんですね。

成虫は腸に住み着きそこから栄養をかすめとります。条虫が腸に居る場合、腹部の不快感や下痢、食欲不振が出る場合もありますが殆ど無症状です。

怖いのは条虫が成虫にならず幼虫のままでウロウロする場合でしょう。

条虫の殆どはヒトが終宿主になるため、成虫になり腸にしがみつき成長します。しかし豚肉から感染する「有鉤条虫」だけはヒトが中間宿主であるため幼虫のまま腸壁を通り脳や筋肉、他臓器に移動し膜の薄い袋（シスト）を作ります（嚢虫症《のうちゅうしょう》）。

脳に行った場合が問題で、痙攣などの神経症状をおこし、最悪、**死にます**。嚢虫、怖っ。

一番の予防方法は、食品を十分に加熱するか、またはマイナス18℃以下で48時間冷凍しても良いでしょう。

一方、感染したときの治療法は、条虫症の場合、駆虫薬と下剤を飲むか、十二指腸から造影剤を流しこみ、レントゲンで確認しつつ、条虫を肛門近くまで追い詰めてから一気に排便させるやり方があります。

どちらの方法でも頭部が残ってしまうと再び増殖してしまうので、排出されたことが確認できれば終了です。

サナダムシの寿命は約2年。体内では新しい頭部は生まれませんので、気づかないうちにかかって治っている場合もあります。

嚢虫にも駆虫薬が効きますが、嚢虫が死ぬ時、周りにひどい炎症を起こすためステロイドと併用で治療します。手術で脳のシストを取る場合もあります。

数年前、生ユッケによる食中毒事件が世間を騒がせましたが、肉の生食はなるべく避けた方が賢明ですね。

それと**「医者の話はよく聞いてください」**と付け加えさせてください。

私の病院にも時々、自己診察の口上を並べ、**『また、みの○んたかぁぁぁぁっ！　ためしてガッテ○かぁぁぁ！』**と叫びたくなる患者さんが現れるのです、ハイ…。

第二章　其の五

信仰を貫き通したキリシタン大名
高山右近、マニラに死す

2013年から2015年にかけて、西アフリカで猛威を振るったエボラ出血熱。感染力や死亡率はことのほか高く、1万人以上の死者を出したことはみなさんご存知でしょう。

海外では、ときに想像もつかない感染症が蔓延することがあり、特にアフリカや東南アジアなど、日本に比して衛生環境の悪い国々ではそのリスクも一段と高まりますが、戦国時代にもとある有名武将が熱帯の病気**「アメーバ赤痢」**で亡くなっております。

それはキリシタン大名として名を馳せた**高山右近**でした。

いちごゼリー状の粘液血便を排し

アメーバ赤痢とは、下痢や血便などを主な症状とする消化器感染症です。

熱帯、亜熱帯を中心に、全世界で毎年5000万人が罹患。そのうち約10万人が死亡しています。

細菌性に起こる赤痢と症状が似ており、区別が付きにくいというか、昔は区別のしようがなかったので名前の中に『赤痢』という文字が入っておりますが、病原体は、これまた名前のとおり病原性の『**アメーバ**』です。

発展途上国での感染源は、感染者の便中にいる赤痢アメーバに汚染された食物や水で、これらを非加熱で食することによりうつります。

潜伏期間は通常2～4週間ですが、症状が出る人は10～20％と少なめです。発症すると、断続的な下痢や腹痛、そしていちごゼリー状の粘液血便を排し、便の回数は1日数回から数十回に及びます。

細菌性の赤痢に比べて症状が弱いため、通常は軽症で済みますが、ときには衰弱して死亡する例も。稀にアメーバが腸外に感染する場合もあり、この場合は症状が重くなります。腸外アメーバ症は、肝臓に膿瘍を作ることが多く、高熱や悪寒、嘔吐、体重減少などを伴うことが多いそうです。

先進国では、男性の同性愛者間での性行為が感染源となることが多く、通常の食中毒感染は稀。日本では、年間患者数が700人程度となっており、死亡者は数人です。

ちなみに治療法は、アメーバに効く薬（メトロニダゾールなど）の服用で、現代では冷静迅速に対処すればまず問題ないでしょう。

しかし、そんな病気に、なぜ高山右近は感染し、亡くなってしまったのでしょうか。

信長に反旗を翻して大ピンチ！信仰を貫き、逆に異例の大出世

さてツラツラと病気について書きましたが、なぜ戦国大名である高山右近が熱帯に多い病気で死

んだのか？　それは彼の信仰と大いに関係があるのです。まずは本人の略歴から確認しておきましょう。

高山右近は、天文21年（1552年）摂津に生まれ、父の友照は三好長慶とその重臣・松永久秀に仕える国人領主でした。

最初にキリスト教に感銘を受けたのは父・友照で、自身が洗礼を受けた後、家族や家臣が続き、右近も12歳でキリスト教徒となります。これが後々というか生涯というか、死因にまで関わってくるんですね。

ともあれ、高山右近の生涯で大きな転機は3度あり、その最初は摂津の大名・和田惟長との斬り合いでした。

領地問題でゴタゴタの続いていた惟長に呼び出されたところ、待ち構えていたのは刺客たち。その乱闘の最中**「首を半分ほど切断する」**という大ケガを負ってしまうのです。半分というのはにわかには信じがたく、おそらく誇張表現でしょう。

いずれにせよそんな大ケガから奇跡的に回復したのですから、以前にもましてキリスト教に傾倒したのは無理もないハズ。

事件後、右近は荒木村重の配下となって高槻城を手に入れます。が、ここで新たに転機が訪れます。少し歴史に詳しい方ならもうおわかりかもしれません。荒木村重が織田信長に叛旗を翻したのです。

それは天正6年（1578年）のこと。村重謀反の際、高槻城主だった右近は、これを必死に止めようとしました。

しかし、あえなく失敗。そして信長に**「降伏しないと宣教師とキリシタンを皆殺しにして、教会を壊すよ」**と脅しをかけられ、結局、領地を差し出す道を選びます。

その潔い態度ばかりでなく、右近の離脱が村重にとっては大きなダメージとなったためでしょうか、信長に功績が認められた右近は再び高槻城主としての地位を安堵され、さらには2万石から4万石へ加増という厚遇を受けるのです。

さらに、その4年後の本能寺の変では、羽柴秀吉のもと山崎の戦いで先鋒を務め、その後も賤ヶ岳の戦い、小牧・長久手の戦いなどに参加して、確実に秀吉の信頼を積み重ねていきます。

秀吉が千利休を送って翻意を促したが……

合戦ばかりをクローズアップしてきましたが、右近はまた人徳者でもあり、その影響を受けた蒲生氏郷や黒田官兵衛など、多くの大名がキリシタンとなっています。

そして天正13年（1585年）。高槻4万石から、明石6万石へと加増・転封され、右近は武士としての頂点を極めたのでした。

が、が、がががががが！ 最後の転機はそれからわずか2年後にやってきます。

秀吉が『**バテレン追放令**』を発令してしまうのです。

理由は、奴隷売買をしていたポルトガル人の所業に秀吉が腹を立てたなんて説がありますが、その真相はともかくキリシタン大名の立場がなくなったのは事実。ここで右近は、なんと信仰を守ることと引き換えに、領地と財産をすべて捨てたのです。

さすがの秀吉もこれには驚いたのでしょう。右近の才能を惜しみ、茶道の師である千利休を説得に向かわせたとされています。

しかし、右近は棄教しませんでした。

追放処分となった後は、小西行長や前田利家の庇護を受け、特に前田家では1万5千石もの扶持を受ける好待遇。小田原遠征への従軍や城の設計も行い、北陸に骨を埋めるんじゃないの？　と思った矢先、今度は徳川家康がキリシタン国外追放令を出し（1614年）、前田家のお世話になるのも不可能となりました。

右近は、多くの人々が引きとめる中、加賀を退去し、フィリピンへと向かいます。

そして同年12月にはマニラに到着し、スペイン人のフィリピン総督フアン・デ・シルバらから大歓迎を受けました。残りの人生はキリスト教に身を捧げ、静かな余生を過ごすつもりだったのでしょう。

ところが、です。高齢の身には長い船旅や慣れない気候がキツかったのですね。右近は現地で病気にかかってしまいます。それが『アメーバ赤痢』でした。

先ほど申し上げたように、本来、この病気は重いものではなく、体力があれば大きな問題とはならなかったハズ。しかし戦乱の世を駆け抜け、60歳を超えた老齢の身にその病気は厳しく、翌慶長20年（1615年）の1月8日、右近の魂は神の元へと召されてしまいます。

享年64歳。地位も財産も捨て、信仰を貫いた生涯に涙を誘われる人もいるかもしれません。

今年（2015年）は、右近の没後400年にあたる節目の年です。

これに合わせ、カトリックで「聖人」に次ぐ崇敬の対象である「**福者**《ふくしゃ》」に右近を認定してもらおうという運動が、各地の教会で行われているもよう。

もしかしたら皆さんの近所の教会でも、彼についての説話が聞けるかもしれません。

第二章　其の六

白い布の下に隠された
大谷吉継の業病と
悲しく熱い友情物語

損得勘定を抜きに付き合える友達って本当に貴重ですよね。

敵を作るのが異常に上手だった石田三成でさえ、負け戦を覚悟で付き合ってくれた大親友がおりました。

大谷吉継です。

漫画やゲームでは、白い頭巾で顔を隠しての登場が多い吉継ですが、その理由はある病気が原因と考えられております。

今回は吉継の病気と、それにまつわる友情話を紹介していきましょう。

吉継と三成は、同期入社のような存在

他の武将と同じく出自不明な大谷吉継ですが、生まれは永禄2年（1559年）説が有力。

天正の始め頃に秀吉の小姓となり、天正5年の記録には秀吉の部下として名前があります。一方、石田三成は永禄3年（1560年）生まれで、天正

2年（1574年）頃に秀吉の小姓となっておりますので、同期入社みたいな関係ですね。

吉継は賤ヶ岳の戦いなどで手柄をたて、天正13年（1585年）に秀吉が関白となると、連れて「刑部少輔」に出世。彼の別名としてよく使われる大谷刑部は官職名なんですね。

かくして豊臣政権の官僚として出世街道を歩くことになった吉継ですが、この頃すでに重い病に冒されており、こんなエピソードがありました。

それは秀吉が関白になった年の秋のことです。大坂では**千人斬り**と呼ばれる辻斬り騒動が勃発しており、巷では、この事件の犯人が吉継ではないかとウワサされました。

当時の記録には「大谷という小姓が**悪瘡**にかかっており、人の血を千人分舐めると治ると思い込んで辻斬りをしている」と書かれています。

この事件の真犯人は不明ですが、少なくとも秀吉が吉継を重用することはやめませんでした。私も吉継は犯人じゃないと思います。

そしてここでクエスチョンなのですが、文中にある**悪瘡**とはどんな病気か想像つきますか？

答えは……質問をしていて恐縮ですが、実はどんな病なのか正確には判明しておりません。

ただ『瘡』の文字からして何らかの皮膚症状を呈する病気と考えられており、『**梅毒**』ないし『**ハンセン病（らい病）**』だったという説が現在では有力。

梅毒は加藤清正や結城秀康など他に有名人がおりますので、今回は『ハンセン病』に的を絞って話を進めたいと思います。

見た目が悲惨になることから不治の業病として恐れられてきた

『ハンセン病』は『らい菌』という、結核菌に似た菌によっておこる感染症です。

らい菌は高温に弱く、皮膚のマクロファージおよび末梢神経細胞の中に住みつき、これを冒します。免疫のない人が感染すると、体や四肢に結節を生じ、眉毛が抜け、結節が崩れて特異な顔貌を発露するのです（ハンセン病に特有な症状を呈します）。

しかし、感染源となる鼻汁や組織からの分泌物は、感染力が非常に弱く、免疫が正常な人（95％の人）は、暴露してもうつりません。特に、成人になってからの感染は殆どなく、感染者は主に幼少期に患者との接触が濃厚だった人などに限られます。

簡単にまとめると「感染力が非常に弱い菌」なのです。

しかもらい菌は、増える速度が非常に遅く、よって潜伏期間は長くなり通常は6カ月〜10年。

ただし、病が進行した場合には、皮膚が派手に侵されて見た目が悲惨になることや、末梢神経障害による感覚麻痺や運動麻痺、失明、二次感染による足壊疽などが起きることから、**「不治の業病」**として恐れられてきました。

現在は、治療薬ができたおかげで後遺症も最小限に留まり、日本のような先進国では他人から感染する危険性もほぼありません。これを読んでいるみなさん安心して下さいね。

豊臣政権をおとしめるため江戸幕府が捏造した可能性も!?

話を吉継に当てはめて見てみましょう。

まず発症年齢から考察していきますと、ハンセン病はいかなる年齢でも発生しえますが、率で見ると10〜20歳にピークがあります。

辻斬り事件の天正13年、吉継の推定年齢は26歳。他人に分かる程度の症状があったということから発症自体はもう少し早いと考えられます。つまり発症年齢は、ハンセン病のピークと一致しますね。

次に症状にうつります。最も肝心なのが皮膚の症状ですが、実は当時の記録には残されておらず、**「頭巾で顔を隠していた」という話が出てきたのも江戸時代になってから**なのです。

当時のハンセン病は、仏罰や前世の報いが原因とする風潮があったため、江戸幕府の敵である豊臣方の大谷吉継について、病がハンセン病だったと誇張された可能性も否定できません。

病気が良くなったり悪くなったりするあたりも、ハンセン病でなく「膠原病」の類の気もします…。

歯切れが悪くてごめんなさい。ハンセン病だった場合は、その経過から症状がひどい『**らい腫型**』と、軽く済む『**類結核型**』の**中間あたり（境界群）**ではないかと推測します。

ハンセン病は眼を重度に侵すことがあります。虹彩炎から緑内障に至る場合や、角膜の刺激無感応および顔面神経の障害により角膜が傷つき、角膜潰瘍から失明する人もいます。

文禄3年（1594年）、吉継から直江兼続に宛てた手紙には「眼の病のため花押じゃなくてハンコでごめんね〜。草津の湯は眼に効いたよ〜」とあり、眼を病んでいたことは確かです。

晩年は、たとえば関ヶ原の合戦場でも輿に乗っていたエピソードがありますが、ハンセン病による足の変形や、感覚神経障害に起因する足壊疽で歩行不可能となり輿に乗ったのか、他の理由だったのか、真相は不明です。

花押が書けないくらい眼が悪ければそれだけでも輿に乗る理由になりそうですし。こちらも決定打に欠けますね、ごめんなさい。

個人的には、80％の確率ぐらいでハンセン病であったと思います。こんな予想は意味ないかもしれませんが。

吉継の膿を気にせず一気に茶を飲み干した

吉継と三成といえば、天正15年（1587年）に大阪城で開かれた茶会で三成が見せた心遣いの逸話をご存知の方もいるかもしれません。

吉継が先に口を付けた茶碗による感染を恐れた他の参加者が、お茶を飲んだフリして日和る中、三成だけが普段と変わりなくそれを飲んだというエピソードです（余談ですが、招かれた客が同じお茶を一口ずつ飲んで次に回す方式は、千利休が考案した『吸う茶』と言います）。

少しバージョンの違う逸話としては、『**吉継の顔から膿が落ちて茶に入ったが、三成はその膿ごと茶を飲み干し、「おいしいので全部飲んでしまった。もう一杯茶を入れてくれ」**と言い放った』という話もあります。

仮に吉継がハンセン病だとしたら、三成にも感染したのかな？　と、思った方がいるかもしれません。歴史マンガでこれを知った幼い頃の私も同じことを考えました。

ズバリ言ってしまいますと、これでハンセン病に感染する可能性は**ゼロ**です。

まず、らい菌は熱に非常に弱く、お茶に入った時点で死滅。加えて消化管は主な感染ルートではありません。さらに、先に述べた通り95％の人は通常免疫のみで感染には至らない。それぐらい弱い菌なのです。

よって三成の行動は、ハンセン病感染の観点から見ると何ら問題がないんですよ！　まぁ、他の感染症を考えると膿が入ったお茶は大丈夫と言い切れませんが…。

むろん当時の人はそんなこと露知らず、三成本人も、もしかしたら「ある覚悟」は抱いていたのかもしれません。

そして、そんな行動に心を打たれた吉継が、関ヶ原の戦いでは勝敗の趨勢に関係なく西軍に付いたとも言われてますね。

悲しいことにわが国では、**らい菌の感染力が非常に弱いと科学的に判明し、治療法の確立後ですら隔離政策がとられました。**

強制隔離を含む『らい予防法』が廃止されたのは、なんと平成に入ってからなのです。

結果論にはなりますが、三成のとった行動は昭和の私達より**先進的**でした。そしてその先見の明がもう少し合戦にも向けられていれば、もしかしたら関ヶ原でも……。

第二章　其の七
匕素に鴆毒《ちんどく》、マチンの種子

それでも戦国時代最強の毒はウ○コさんだった⁉

忍者って素敵ですよね。

子供の頃は本気で「くノ一」を目指した私ですが（120ページ参照）、大人になって忍者の武器などをいろいろ妄想するとき、ハタと思考が固まってしまうことがあります。

それが「**毒問題**」です。

言わずもがな忍者の強力な武器は手裏剣で、スティックタイプの投げ道具を駆使して相手を殺すワケですが、思ったより殺傷力が低く、毒を塗っていたともされています。

では、そこには一体どんな毒を塗っていたのでしょうか。当時は何が最強のポイズンだったのでしょう。

手裏剣だけでなく「吹き矢」でシュッと相手を殺すには、猛毒でなければなりません。

ここで私の武器、医学知識を使って戦国時代最強の毒を考えてみたいと思います。

破傷風菌が作る毒素が超デンジャラス

いったい毒の中で最強の物質は何なのか？

毒性から申しますと、０・５gで世界人類の致死量となる『**ボツリヌス毒素**』が1位です。ただし、精製技術が確立されたのは第2次世界大戦中なので戦国時代の実用は難しいでしょう。

次に毒の一覧をざっと見て目に付いたのが『**テ**

タヌストキシン』。この毒の半致死量（半分の人が死ぬ濃度）は2ng／kgです（2ng＝10億分の2g）。

テタヌストキシンというのは破傷風菌が作る毒素です（テタヌス：Tetanusというのは破傷風のこと）。破傷風菌はそこらへんの土の中に普通に存在しており傷口から侵入し感染します。

この破傷風菌の作る毒素が神経細胞に入ると、『運動を抑制する神経の働きを抑えたり、運動神経を興奮させ』それによる症状がおこります。

簡単に言いますと破傷風は**ものすごい痙攣がおきたり、それに伴う麻痺がおこる**病気で、重症の場合は呼吸筋の麻痺をおこして**死亡**します。

現代日本では年間100人前後と患者数は少ないものの致死率は約50％と高く、1950年のデータにいたっては致死率85％という恐ろしい病気です。戦国時代だったらまず死にますね。

傷口を汚くすることで破傷風の感染率を高めることができるため、いくさの際に矢じりに「**ウ○コ**」を塗り付けて使用していた話もありました。このあたりのことは漫画『**ドリフターズ**』にも登場します。

破傷風に限らず、汚れた傷口からはいろいろな感染の可能性があり、相手の戦力を低下させるには効率の良い手段だと思います。

手間と成果を考えるのであれば戦国時代最強の毒は「ウ○コ」というのも一つの答えだと言えますが、美人女医（自称）の書籍で「ウ○コ」ばかり書いて終わるのもチョット悲しいので『破傷風』についてもう少し解説いたします。

意識ハッキリしたまま骨が折れるほどの痙攣を起こす

先ほどの説明で『破傷風菌は土の中に普通にいる』と述べましたが『日本での患者数は年間約100人』と少なめです。

破傷風って滅多にかからない病気なのかな？と感じませんか。

答えはYESでありNOでもあります。

世界全体でみると年間に数十万～百万人の方が破傷風により命を落としています。気付かないくらいの小さな傷から感染するケースもままあります。

ではなぜ日本では患者が少ないのでしょうか？それは『**予防接種**』が普及しているためです。

わが国では昭和43年から破傷風ワクチンを含む三種混合ワクチン（DTP）が開始されました（但し昭和50年～55年は副作用のため破傷風のワクチン接種が休止）。このためワクチン接種をきちんと行っていれば20代くらいまでは破傷風に対して免疫があり患者数が少ないのです。

破傷風に感染すると通常3～21日の潜伏期を経て開口障害（口が開けにくい）から始まる特有の症状をおこします。開口障害の後は、ひきつり笑い→全身痙攣へと症状が進行していくのですが、開口障害から全身痙攣までの期間が短いと予後不良となります。

重症の破傷風は骨が折れるくらいひどい痙攣をおこしますが**『意識はハッキリしている』**ので悲惨です。

毒素が神経に取り込まれる前であれば抗毒素が効果を持ちますので、傷が土で汚れるような怪我をした場合は念のため受診をすることをお勧めします。ちなみに破傷風菌を純粋培養し、毒素を発見、抗毒素による治療（血清療法）を確立したのは**『北里柴三郎』**（コラム其の二参照）です。

そうそう、江戸時代のスーパーひらめきマン**『平賀源内』**も破傷風で亡くなっております。

余談ですが私が初めて破傷風という言葉を知ったのは、小学生の時に読んだ『恐竜の本』でした。

破傷風は人畜共通感染症であり、人間だけでなく牛や馬もかかる病気です。私が見たのは「破傷風で骨が弓なりに変形した恐竜の化石（のけぞるような弓型）写真」でした。

おそらく傷口から感染し重症痙攣をおこし死亡したものだと思いますが、当時、破傷風を知らなかった私は「**古代の地球では風速50メートルくらいの凄い風〝破傷風〟が吹くことがあり、この恐竜は風圧で骨が曲がったに違いない！**」と勝手な解釈をしておりました。

…全然違ったよ、もう。

ボルジア家の毒物『カンタレラ』

さて、戦国時代は「**ウ〇コが最強！**」などと私なりに結論付けてみましたが、もっと、いかにも〝毒物っぽい〟毒の話もしたいと思います。

とはいえ、毒物に関しましては、そもそも「〇〇を××の毒で殺した」なんて記録はあまり残っておりません。

加藤清正や蒲生氏郷など、暗殺されたと噂のある著名人はチラホラおりますが、確たる証拠がないのが実情です（加藤清正は毒まんじゅうではなく梅毒で死んだと思ってますが…）。司法解剖も毒物検査もない時代、当然と言えば当然なんですけどね。

そんな中、比較的名前があがる毒物として「**砒素**（または亜ヒ酸）」があります。

砒素は原子番号33の元素で、常温では安定した固体のかたちで存在します。リンによく似た物理化学的性質を持つため、それが生物学的毒性の原因となります。リンと似たような動きをする癖に役に立たないため害になるということです。

砒素およびほとんどの砒素化合物は人体にとって有害。中でも『亜ヒ酸』と呼ばれる化合物は強い毒性を持ち、ヒトの致死量は100－300㎎／㎏です。わずか数gで死んじゃうんですね。

砒素の毒性は、代謝に必要な酵素（ピルビン酸脱水素酵素など）を阻害するために生じます。急性中毒では消化器症状を呈することが多く、重篤な場合は神経症状、多臓器不全を起こして死にいたります。

さて、あなたが暗殺に毒を使うとしたら、どんな特徴を持つものが良いと思いますか？

私は、ある程度の遅効性で無味無臭の毒が理想だと思います。速攻性だと犯人バレバレですし、致死性が高い「ハバネロ味で紫色」の毒なんてあっても、使い勝手が悪くてしかたありません。

その点、亜ヒ酸は無味無臭。作用時間も砒素そのままだと摂取後20～60分で症状が出ますが、化合物の場合はその割合で時間の調整ができます。なかなか良さげじゃないですか？

実際の使用例をあげますと、かの**ボルジア家**に伝わる毒物「**カンタレラ**」も亜ヒ酸説が有力です。

戦国の話から少し逸れますが、ボルジア家とは、15〜16世紀にイタリアで繁栄した貴族の家系で、ローマ教皇や枢機卿を輩出した名門。

しかし、政敵を次々と**暗殺**したのではないか？とダークなイメージも持たれており、中でも**ローマ教皇アレクサンデル6世**と息子の**チェザーレ・ボルジア**が有名です。

そんなボルジア家が、暗殺に使ったとされる毒がカンタレラなのです。

カンタレラの正体は、亜ヒ酸説が有力ですがその他、マンダラケやハンミョウの毒、はたまた「教皇アレクサンデル6世とチェザーレ・ボルジアの知恵と政治的手腕」を、毒に喩えた皮肉話まであるほど。

政治的手腕が毒といった冗談はさておき、マンダラケやハンミョウでは暗殺用として毒性が足りません。その点、亜ヒ酸であれば、致死量が小さく、摂取経路や量の違いよって症状が急性にも慢性にも変化するため、「**処方**により**即効毒**にも**遅効毒**にも**自由に操れた**」という当時の記述とも合致します。

そうそう、教皇アレクサンデル6世の死因は、誤ってカンタレラを飲んだせいだとする研究者もいるそうです。ちょっとおマヌケですね。

鴆毒《ちんどく》も亜ヒ酸説だった

西洋ばかりでなく、東洋の毒にも注目してみましょう。

中国の古い文献には、猛毒をもつ鳥『鴆《ちん》』なる存在が記されています。

ウィキペディアを引用させていただきますと…。

大きさは鷲《うぐいす》ぐらいで緑色の羽毛、そして銅に似

た色のクチバシを持ち、毒蛇を常食としているため体内に猛毒を持っており、耕地の上を飛べば作物は全て枯死してしまうとされる。石の下に隠れた蛇を捕るのに、糞をかけると石が砕けたという記述もある。（引用／wikipedia）

鴆はぶっちゃけ、空想上の生き物です。

しかし、鴆の羽毛から採れる毒は『**鴆毒**』と呼ばれ、古来よりしばしば暗殺に使われたとの話があります。

鴆毒は無味無臭なおかつ水溶性で、鴆の羽毛を一枚浸して作った毒酒で、相手に気付かれることなく殺すことができたという……あれ？　空想上の生き物なのになんで？　と思ったアナタ。実は『鴆毒』にはレシピがあるのです。

それは経書『周礼』の中に作り方と思われる記述がございまして、まず、五毒と呼ばれる毒の材料を集めます。

雄黄　ゆうおう（硫化砒素）
礜石　よせき（硫砒鉄鉱）
石膽　せきたん（硫酸銅）
丹砂　たんしゃ（硫化水銀）
慈石　じしゃく（酸化鉄）

この五毒を素焼きの壺に入れ、三日三晩かけて焼き、その白い煙にニワトリの羽毛を燻すと、鴆の羽となるというのです。

そして、日本にもその生成法は伝わっており**「亜砒焼《あひや》き」**と呼ばれていたとか。

足利尊氏の弟・直義は、兄と仲違いしたため、尊氏に『鴆毒』で暗殺されたという話が太平記に残されていますので、あながち空想だけのモノじゃないようですね。

番犬を殺すのに効果的!?
忍者愛用、マチンの種子

現代においても、毒性植物として有名な**トリカブト**は、あまり日本では使われなかったようです。

が、様々な毒に精通した忍者が武器に塗り、殺傷力を高めた可能性は否定できないでしょう。

トリカブトは、その根にアコニチンなどの毒物を含んでいて、Ｎａチャンネルを不必要に活性化するため、嘔吐、痙攣、呼吸困難、不整脈、心室細動などを引き起こします。

即効性の毒のため、毒見役がいる毒殺や、暗殺と悟られないよう殺すのには不向きですが、矢尻などの武器に塗ると効果的。な～んて書いてみましたが、実は忍者は対人で毒を使うことは珍しく、潜入の際に番犬を殺すケースへの使用が最も多かったようです。

この際に使われた毒はマチンの種子**「馬銭子《まちんし》」**です。

馬銭子はストリキニーネという殺鼠剤に使われる成分を含んでおり、脊髄に対する強力な中枢興奮作用を持ち、摂取後30分で激しい強直性痙攣が起こります。身体が弓反りになることもあり、その症状は前述の破傷風に似ています。最悪の場合、呼吸麻痺を起こして死に至ります。

忍者は焼いた飯に馬銭子を混ぜ、潜入先の屋敷にいる犬に与えたもよう。これで吠えられることなく静かに犬を殺せるのです。

様々な毒物を見てみましたが、砒素もトリカブトもマチンも、現代日本で使った場合は検査でバレバレ。くれぐれも毒殺なんて企んではダメですよ。

◆コラム　其の二

北里柴三郎

日本の細菌学の父

北里柴三郎は嘉永5年（1853年）、熊本の庄屋に生まれました。明治8年、東京医学校（現在の東京大学医学部）に進学しましたが、在学中は教授と折り合いが悪く何度も留年したそうです。卒業後はドイツに留学しコッホに師事、明治22年（1889年）破傷風菌の純粋培養に成功、翌年には破傷風の抗毒素を発見、更に菌を動物に少しずつ注射し、血清中に抗体を作らせる『**血清療法**』を開発し世界を驚嘆させました。翌年には血清療法をジフテリアに応用し、同僚であったベーリングと連名で論文を発表しました。この業績により第1回ノーベル賞の候補に柴三郎の名前が挙がりましたが、受賞したのは共同研究者のベーリングでした。う～ん残念。論文がきっかけで注目を浴びた彼は欧米各国の大学や研究所から破格の待遇でスカウトされますが「**医学が弱い日本のために国費留学したのだ**」と誘いを固辞して帰国しました。

日本帰国後は……福沢諭吉ありがとう！

留学中に多大な業績をあげたのだから、帰国後も好待遇で研究できたに違いない！　とみなさま思いますよね？　ところがどっこい北里は留学中に脚気の研究を行い、東大教授・緒方正規の説に対し脚気菌ではないと批判をしちゃったんですね。現代から見ると北里の方が正しいのですが、母校の東大医学部から「**恩知らず**」として睨まれてしまいました。このピンチに救いの手を差し伸べたのが『**福沢諭吉**』です。福沢は私財を投じて「**伝染病研究所**」を作り北里に研究の場を提供しました。さすが万札パワー！　そして明治27年(1894年)、北里はペストが流行する香港へ日本からの調査団として派遣されます。香港到着からわずか2日後、北里はペストで死亡した患者の血液からペスト菌を発見します。不幸な事にこの時患者の解剖を行った調査団の医師2人がペストに感染してしまいますが、北里は帰国をせずにペストの研究を続け、ペスト菌が一般的な消毒法で死滅することを突き止めました。またペスト患者の家に**ネズミの死骸が大量にあった**ことに目をつけ、死にかけたネズミの血液を採取しペスト菌を発見、ネズミが伝染に関わっている可能性を指摘しました。

日本でのペスト流行を食い止める

明治29年(1896年)、横浜に入港した中国人船客がペストで死亡、これが日本初のペストですがこの時は幸いに単発で終わりました。しかし明治32年11月(1899年11月)、遂に日本でもペストが流行しはじめます。余談ですが同年5月に北里の推薦で横浜の海港検疫所に赴任した『**野口英世**』が入港した船にペスト患者2人がいることを発見し、水際で防ぐナイスプレーをしています。この流行では45人のペスト患者が発生し、40人が死亡しました。しかし、この時すでに北里はペストの防御策を講じていました。北里は伝染病予防の大切さを大臣や役人に説明してまわり、明治30年に「**伝染病予防法**」を成立させていたのです。そこには彼の主張通り、患者の隔離、地域の消毒、船舶や列車の検疫など必要な事項が盛り込まれていました。明治32年には北里の提案でペストを盛り込んだ「**海港検疫法**」も公布されました。北里は病人の隔離治療や環境の消毒をする一方、ネズミの駆除を徹底的に指示しました。（ペスト発生地のネズミには、日本に存在しなかった「ケオプスネズミノミ」という種類のノミがみられ、これがペスト菌の運び屋と考えられました。）もしこのノミがイエネズミから、野生のげっ歯類に広がったら、根絶はほぼ不可能となります。ネズミの駆除作戦は効を奏し、昭和5年（1930年）を最後に日本からペストはなくなりました。発生から終息まで27年間の死者数は2420人でした。

慶応医学部を作りました

さてその後の北里ですが、なんやかんやありまして「伝染病研究所」の所長を辞職します。その後私費を投じて『**私立北里研究所**』を設立、様々な病気の血清療法を研究しました。そして諭吉の恩に報いるため**慶應義塾大学医学部**を創設、初代医学部長、付属病院長となりました。因みに**無給**です。カッコ良すぎですよ北里さん。

第三章　その他の診療科

第三章　其の一
鞍に血を溜め戦い続けた榊原康勝と馬に乗れず落ち武者狩りに遭った穴山梅雪

痔・エンド

『**痔**』って他人に言うのが照れてしまう病気ですよね。

患部がお尻の穴なので当たり前かもしれませんが、まぁ、その痛みや出血が大腸がんを発端としたものでもなければ致命傷なんてケースはそんなにありません。

ところが、です。戦国時代にいたんですよ。痔が原因で亡くなってしまった武将さんが。しかも、そこそこ有名人が、**2人**も……。

誰あろう、痔が直接の死因となった**榊原康勝**と、間接的に死を招いた**穴山梅雪**です。

戦国武将たちは常にそのリスクを抱えていた!?

痔は、肛門周囲に生じた疾患の総称として使われ、医学的には痔核（いわゆるイボ痔）、裂孔（いわゆるキレ痔）、痔瘻（いわゆるアナ痔）に分類されます。

今回はこのうち『**痔核**』についてご説明いたします。

痔核は、直腸や肛門部の粘膜にある静脈がふくらみ、こぶ状になった状態（静脈瘤）です。同じ姿勢や、いきみなどで肛門に負担がかかって血液の流れが悪くなると、発生します。

例えば、乗馬は鞍をまたいだ両足で支える時にギュッと肛門が締まり、しかも同じ姿勢を続けるため痔になりやすいです。ゆえに戦国武将は常にそのリスクを抱えていたハズ。

痔核はさらに「外痔核」と「内痔核」に分類。外痔核は肛門部にしこりを作って痛みを伴い、内痔核は痛みこそ少ない代わりにしばしば出血を伴います。

通常は対症療法、例えば下剤や排便後の温浴などで軽快しますが、ひどくなった場合には痔核に薬品を注射して硬化させたり、輪ゴムで縛ったり、それでもダメな場合は手術で治します。

先程も申し上げましたように、肛門からの出血が大腸がんなど他の理由でなければ、痔自体で死ぬことは滅多にありません。

ではなぜこの2名は、痔を原因として亡くなってしまったのでしょうか。

合戦中に痔が裂けても戦い続けねばならない運命

まず一人目の**榊原康勝**は、いわゆる徳川四天王の1人・榊原康政の息子でした。

康勝自体は三男でしたが、長男が母の家を継ぎ、次男が早死にしていたため彼が家督を継承。大坂冬の陣ではモチロン徳川方で参戦し、今福の戦いでは佐竹義宣《よしのぶ》のピンチを救っております。
しかし、翌年・夏の陣では5月6日に木村重成との交戦で大打撃を喰らい、さらに翌日、戦いに出向いた場所が、あの**「天王口」**でした。

歴史好きの方なら、すぐにピンとくるでしょう。天王口とは、真田幸村が家康本陣に突撃かけた激戦地です。敵味方ともに大きな損害が出たエリアであり、康勝も粉骨砕身で戦ったのは想像に難くありません。結局、その日の深夜に大坂城は陥落し、家康は完全無欠の天下人になりました。

康勝は、徳川四天王の後継ぎです。ゆえに、この先、幕府の土台を支える大事な立場でした。が、同年5月27日、大坂の陣から引き上げた先の京都にて、26歳という若さで**急逝**してしまいます。

死の原因は以前から患っていた〝**腫れ物**〟でした。

『難波戦記』によると、康勝は冬の陣で腫れ物（おそらく痔）が破けて、大量出血。夏の陣の激戦ではさらに痔が悪化しながら、鞍壷（馬の鞍の真ん中部分・人がまたがるため平らになっている）に血が溜まっても、なお戦い続けたと言います。痔は悪化の一途をたどり、死因となったのでしょう。失血死か、貧血に伴う心不全か、あるいは痔部分の感染など色々考えられます。おそらくですが、この痔、初期に安静にし、完治させておけば、死ぬことは無かったハズ。せめて夏の陣に不参戦であれば……。

と言ってみましたが、それはどだい無理な話なんですよね。榊原家と言えば、徳川幕府の中枢、親藩ですから、偉大なる父の名に恥じぬよう働かねばならなかった。そして実際にガンバリ過ぎちゃったのでしょう。

ちなみに康勝には庶子がおりましたが「幼い主君では心もとない」と思った家老が「康勝に子供はいません」と幕府に虚偽報告。後にバレて、結局ゴタゴタしてしまうという残念なオマケが付いてきます。

武田一族の筆頭格ながら当主を裏切ったその末路が

榊原康勝が徳川の重臣であったのに対し、**穴山梅雪**も信玄存命中の武田家では相当なポジションでした。

なんせ、信玄の姉を母に持ち（つまり信玄の甥）、さらには信玄の娘を妻に娶っていたのです。ゆえに「武田」姓を名乗ることまで許されており、親族の中でも筆頭格でした。実際に梅雪も、信玄時代においては侍大将として大活躍し、数多の合戦で本陣を守る重要な役目を担っていたのです。

しかし、信玄の死後を境に、その運命はガラリと変わります。

梅雪は、従兄弟かつ義弟にあたる当主の武田勝頼と対立。天正10年（1582年）、織田軍が甲斐討伐にやってくると、領地拝領と武田氏の名跡継承を条件に勝頼を裏切り、武田本家を滅亡へと追い込んでしまうのです。

そしてその年の5月、梅雪は家康と共に安土城を訪れ、信長に謁見。功労者としてもてなされました。勝頼を裏切り自分だけは信長にへーこら。と、戦国ファンからは嫌われがちな梅雪ですが、「武田家を残す」という意味では、間違った作戦でもないんですよね。

しかし、事態は思わぬ方向へ転がっていきます。

6月1日、家康と共に堺を見物し翌2日、京都へ向かう途中ある事件を知ります。1582年と言えば『い《1》ち《5》ご《8》パ《2》ンツのほんのうじ』。

そうです、「**本能寺の変**」が起きたのです！

このとき家康は、決死の覚悟で伊賀越えを行い、伊勢から海路で地元・三河まで辿り着いた話は有名です。

一方、一緒に行動していたハズの穴山梅雪はどうなったのか。

『信長公記』によると、宇治田原越えで「一揆にやられた」と書かれております。フロイスの『日本史』では、部下が少数であったため数度に渡って襲われ、最初は荷物と部下を失い、最後には殺されたと記されています。

いずれにせよ家康と別行動だったのは間違いない様子ですが、それは一体ナゼだったのでしょう。

「大金を持っていて、家康に奪われるのを恐れたから」なんて説もありますが、「**悪化した痔の痛みで馬に乗れなかった**」という話もあるのです。

痛くて乗れないということは外痔核ですね。アルコールはこの病状を悪化させますので、安土城での「**お・も・て・な・し、おもてなし〜♪**」が悪かったのかもしれません。

ともかく、馬に乗れない梅雪は歩みが遅くなり、その途中、落武者狩りに遭って落命。享年42歳、割と若い死でした。

梅雪が主家を裏切ったのは『武田』の血筋を存続させるためだった。先にも述べたようにそんな見方もありますが、残念ながら跡を継いだ梅雪の息子も5年後に18歳で早世し、その血筋は途絶えたのでした。

どうでも良い話ですが、穴山梅雪は「江〝**尻**〟城」の城主でした。それが痔で亡くなるって、なんだかネタっぽく見えますよね。

編集さんが
考えついた
「穴あき鞍」。
ちなみに「痔・エンド」
考えたのも編集さんです。

第三章　其の二
雷に撃たれた立花道雪

一命を取り留めながら、脚が不自由になった原因は？

猛将として名高い立花道雪は、「**鬼道雪**」とあだ名されるほど勇猛果敢。歴史ファンなら、彼のもう一つのあだ名「**雷神**」もご存知かと思われます。

その名の由来は、彼が若い頃、**雷に打たれた**という伝承に基づくもので、愛刀は「**雷切**」と呼ばれるようにもなりました。

雷に打たれるとは穏やかではない。一体、道雪に何があったのでしょうか。

雷による事故の大半は直撃ではなく側撃

立花道雪は永正10年（1513年）に生まれ、大友義《よし》鑑《あき》・義鎮《よししげ》（宗麟）の2代に仕えた武将です。

初陣に出たのは14歳の時で、病弱な父に代わり2千の兵で3千の敵を打ち破り、凱旋しました。今の世なら中2なのに凄いですよね。

そんな彼が落雷にあったのは、まだ若い35歳の時のこと。江戸時代初期の軍記物で、大友家の興亡を記した『大友興廃記』に、その様子がこう書かれています。

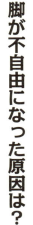

道雪が故郷の藤北で、炎天下の日、大木の下で涼んで昼寝をしていた。ところが天が急にかき曇り、ひどい夕立となって雷がその大木に落ちた。道雪はとっさに立てかけてあった太刀千鳥を抜き、火炎を切り裂くと、涼んでいたところを飛び退いた。この時、道雪の太刀筋は鋭く、勢い余って自分の足を傷つけてしまった。以降、道雪の左足は不具になった（引用／大友興廃記）

大木の下で昼寝をしていた道雪に落雷――。このエピソードは必ず道雪の愛刀・雷切と一緒に語られますね。今回はまず、医学的ではなく科学的なツッコミから進めてみたいと思います。

それは…。

落雷の恐れがあるときに通電しやすい長いものを持つのは危険です！

雷はどこにでも落ちる可能性がありますが、近くに高いものがあるとこれを通って落ちる傾向があります。ゴルフクラブやカサなど細長いモノを持っているとそこに雷が直撃する可能性が高くなります。

落雷の恐れがあるときに大木の下に居てはいけません！

先ほど述べたように雷は細長く高いところに落ちやすく、電柱や高い木のそばに居るのは危険です。気象庁のホームページにも、〝高い木の近くは危険ですから、最低でも木の全ての幹、枝、葉から２ｍ以上は離れてください〟と書いてあります。

落雷には、【直撃】と【側撃】という2つの落ち方があります。

木に雷が【直撃】した場合、電流は木を伝わって地面に流れますが、より伝わりやすい性質のものが近くにあればそちらにも流れます。これが【側撃】です。雷による事故の殆どは側撃によるものなのです。高い木から離れる必要があるのはこの側撃を避けるため。通電性のよい刀を持っているのも側撃のリスクを高める可能性があります。

道雪さん、木の下で昼寝をしている場合では無いんですよ。刀を持つのも危険です！　…もしかして雷に撃たれた原因は千鳥の刀だったりして。

黒焦げになっちゃうワケではありません

さてここからが本題『雷に打たれたらどうなるか？』のお話です。

そもそも雷に打たれたらどうして死ぬのでしょうか？　黒こげになっちゃうから？

実は雷による電流は一瞬で流れ終わるため、一般的な感電にくらべ火傷は軽度であることがほとんど。死因の多くは『**心室細動**』なのであります。

ご存じの通り心臓は血液を送るポンプの役目を持っています。心臓の筋肉が足並みをそろえて働かないときちんと血液を送り出すことができません。そのため心臓には電気信号を出す場所があり、それが伝導路を伝わり心筋細胞の動きを統率しているのです。

落雷を受けるとこの信号が乱れ、心室の心筋の興奮が無秩序(心室細動）になる場合があります。心室細動になると、心室全体としての均一な収縮が乱れ、心室からの血液を送り出せなくなるため意識は消失、数分以内に正常調律に戻らない場合、死に至ります。

雷に打たれた場合の死亡率は10～30％といわれています（ただし日本は死亡率が高く70％）。

稀に電撃麻痺が永続することがあり

続いて、道雪の左足の後遺症について考察したいと思います。なお、私が『雷に打たれた人を診察したことがない』点はご了承ください。

大友興廃記では雷を斬った際に勢い余って刀で足を傷つけたとあります。が、落雷そのもので足が不自由になる可能性もあるのです。

雷が直撃するとまず死にます。軽症で生きている状況からして道雪は側撃に遭ったと推測。資料にも大木に雷が落ちたとありますしね。雷に打たれて助かった場合、後遺症が残らない場合も多いそうです。

しかし、脳がダメージを受けたり神経が損傷する場合もあるとのこと。左足の後遺症として考えられるのが**電撃麻痺の永続**でしょう。

落雷を受けた後、両脚が一時的に麻痺して青白くなり、感覚を失うことがよくあります（雷撃麻痺）。これは交感神経が不安定になることで起き、通常は数時間で治るものの、稀に症状が永続する場合もあるようです。

私的には、この電撃麻痺が左足を不自由とした原因ではないかと思っております。

その他にも「落雷による神経損傷」や「落雷の衝撃で吹っ飛ばされて左足に外傷」、あるいは「鎧などの金属部分まわりの火傷」などが候補。

しかし足が不自由になった後も、道雪さんは騎馬に乗って戦ったり（しかも強い）、晩年は輿に乗り戦場に出向いていたそうです。ほんと凄い♪

35歳で雷に撃たれ、57歳で誾千代さんが誕生って!?

大友家が「耳川の戦い」で島津に大敗し衰退していく中、道雪は最後まで主君を裏切らず戦いを重ね、最後は柳川城攻めの最中に体調を崩し73歳で没しました。

忠実なだけでなく、主君・大友宗麟を諫めた話もいくつか残っています。中でも印象深いのは、若き宗麟が、酒色に溺れて国政を顧みなかった時の話です。

道雪は、宗麟を諫めるために謁見を申し込みますが、叱られることが分かっている宗麟は道雪を避け会おうとしません。そこで道雪は京都から美人の踊り子を呼び、昼夜なく自分の屋敷で躍らせました。

女好きの宗麟は**『堅物の道雪が何故？あやしくない？』**とは思いながらも、道雪の屋敷に自ら出向きます。

そこで道雪は毅然とお説教するのです。

「たとえ折檻されても主人の過ちを正すのが家臣の役目。自分の命は惜しくありません。それより主人が世間で悪く言われる方が無念です！」

それを聞いた宗麟は襟を正したそうです（長期的に見るとあんまり襟を正して無い気もしますが）。

ちなみに道雪さん、35歳の時に雷に打たれたとのことですが、57歳の時に娘の誾千代さんが生まれております。

さすがタフな御仁。真ん中の脚は大丈夫だった様ですね……

ナンチャッテ。

第三章　其の三

縄文人もジンジンジン…な「虫歯の歴史」

あの大将軍・徳川家康も入れ歯を使ってた!?

悪魔のような虫歯菌がツルハシやドリルで歯に穴を開ける――。皆さんは幼い頃、絵本でそんなシーンを見たことがありませんか?

虫歯をおこす代表的な菌は『**ミュータンス菌**』です。もちろん悪魔のような姿ではないですし、歯を侵す道具はドリルではありません。

歯がなくなると困っちゃいますが、それでも今は差し歯や入れ歯があります。では戦国時代はどうだったの? 今回は虫歯と入れ歯の歴史を見ていきたいと思います。

原因はミュータンス菌の作り出す酸

虫歯のもととなるミュータンス菌が歯を溶かすのは、菌の作り出す『酸』が原因です。

この菌は、食品の中の『糖質を原料にして乳酸などの酸』を作り、結果、歯を溶かすのですが、このことを『**う蝕《しょく》**』と言い、溶けた歯を『**う歯（虫歯）**』といいます。1881年頃にこの事実が判明するまで、虫歯の原因は『**歯の中の虫**』だと考えられておりました。

ミュータンス菌の酸によって歯表面のエナメル質が少し溶けた程度であれば通常は無痛で自然治癒もありますが、象牙質まで進むと痛みが生じます。そして、う蝕が歯髄《しずい》まで到達すると歯髄炎をおこし、放置をすると歯質がもろくなって最終的にはポロッ。

読者の皆さまの中で、これを経験した方はいらっしゃるでしょうか？　ちなみに私は大丈夫です♪

ともかく糖質をとらなければ酸の原料がないので虫歯にはなりません。

よって野生動物には虫歯がないとの報告があります（チンパンジーなど果物を良く食べる種には虫歯ができることがあるそうです）。旧石器時代の人類の化石にも虫歯は殆どなかったそうです。

しかし、狩猟採集生活から、農耕生活へ移行すると虫歯は増加しはじめます。

日本の縄文人の虫歯率は約８％。実はこれ、世界の狩猟民族が1～３％の虫歯率であるのに対しかなり高率です。このことからも縄文人はドングリやクリなどの『炭水化物（糖質）』を多く摂取していたことがうかがえます。

それが証拠に、同じ縄文人でも針葉樹林ばかりでドングリやクリがない北海道縄文人では虫歯率が２・４％と狩猟民族の平均並みまで下がります。

701年に初めて、歯科の「耳目口歯」が登場した

さてさて農耕が始まると虫歯率が増えるのは世界に共通した現象ですが、日本でも例外なく倍増しております。

弥生人の虫歯率は16～19％で、世界の中でもダントツ！　西洋では西暦1000年頃までは３～４％であり、どの集団も10％以下だったそうです。

それが西暦1000年ごろ、サトウキビが西洋社会に紹介されたことを契機に虫歯率が大きく増加し、24～25％ほどになったとあります。

つまり日本の弥生人は時代を1000年先取りしてたんですね〜悪い意味ですが。ちなみに今でも日本は虫歯が多い国です。

では、日本の歴史に歯科が登場するのはいつ頃か。ご想像つきますでしょうか？

答えは701年。この年号にピンときた方も多いと思います。そう、この年は大宝元年で『**大宝律令**』が制定されました。

日本ではじめて律（刑法）と令（行政法）がそろって成立した本格的な律令ですが、この医疾令（医療制度の法令）の中に**【耳目口歯】科**として歯科が登場したのです。

当時は顔の器官全部まとめてひとくくりだったもようですね。900年代の書物には「朝夕の歯磨きか食後のうがいをしたら虫歯にならないよ」と書かれており、当時から歯磨きが虫歯の予防手段として知られておりました。

現存する最古の入れ歯は仏姫さんのものです

室町時代には、なんと現在に近い形の入れ歯も存在しました！　まぁ、木製ですけどね。

現存する日本最古の入れ歯は天文7年（1538年）に亡くなった仏姫という尼僧のものです。現代では街路樹などで見かける黄楊《ツゲ》で出来ており、奥歯にすり減った跡があることから食事のとき実際に使用されていたと考えられます。

もともとは仏師が片手間に作っていたようですが、安土・桃山時代以降は仏像の注文が少なくなり、彼らの中には義歯を主体に作り始める人も出てきました。

当然ながら技術はより精巧になっていきます。その手順は次の通り。

①ロウで型を取り
②ツゲの木を削って土台を作り
③前歯には人間の歯を糸で台にくくり付け
④奥歯は金属の釘を使用しよく噛めるように

ロウで型をとり
ツゲの木で
土台を
つくりまーす。
ロウ型
奥歯は
釘うちで噛みやすく!
前歯は「人の歯」や
「動物の骨」
知り合いの歯医者が今川義元顔。

かなり本格的なものですね。そうなんです、戦国時代には結構良い入れ歯があったんですよ! 徳川家康も晩年は入れ歯を使用していた記録が残っております。

西洋では19世紀になってから…遅いね、フフッ

一方、西洋の入れ歯事情はどうだったかと申しますと、19世紀以前は、はっきり言って飾りです。当時の入れ歯は骨や象牙で出来ており、噛めないだけでなく長く使っているうちに耐えられない悪臭がしてきたそうです。

では虫歯で歯を失った西洋人はどうやって食事をしていたのでしょうか?

貴族階級のお話ですが、自力で食物を噛めなくなった場合はペンチのような形をした肉粉砕器で

肉を潰し、食事をしていたと記録されています。

西洋で現在のように実用可能な総入れ歯が考案されたのは19世紀。入れ歯分野でも日本は200年時代を先取りしていたようですね。やはり縄文・弥生時代から虫歯との付き合いが長かったのが功を奏したんでしょうか。あまり大威張りするようなことでもないですが。

鉄漿《おはぐろ》には意外な効果が!?

さて話は変わりますが、皆さまは『**今川義元**』をご存じですよね。海東一の弓取りの異名を持ち、領土を駿河、遠海から、三河、尾張の一部にまで拡大する勢いを持った大名でしたが、尾張侵攻の際、桶狭間で織田信長に敗れ、討ち取られたことで有名です。

貴族趣味でバカ殿なイメージがありますが、実は武将としては有能で、内政においても商業保護や寄親寄子制度で家臣団の結束を強めるなど優れた手腕を発揮しています。貴族趣味だったのは確かなようで、その歯には『**鉄漿《おはぐろ》**』を塗っていた模様。

実はこの鉄漿、虫歯予防に効果があったんですよ。

鉄漿とはなんぞや?

鉄漿の起源は定かでありませんが、古墳時代の埴輪に鉄漿の跡があるなどかなり昔から日本にあったことは確かです。平安時代の末期には、成人のしるしとして、女性だけでなく男性貴族、武士なども鉄漿を行いました。

鉄漿は、漆黒に塗りあげられた歯が美しいという当時の審美感に基づいて行われ、化粧の意味合いが強いものでした。

鉄漿の材料は酢酸に鉄を溶かしてできる酢酸第一鉄を主成分とする「**鉄漿水**《かねみず》」と呼ばれる溶液に、植物由来のタンニンを主成分とする「**五倍子粉**《ふしこ》」を混ぜて作ります。この成分が虫歯予防の主役となるのです。

タンニンは歯のタンパク質に作用し固定化することでう蝕を防ぎ、第一鉄が空気に触れてできる第二鉄はタンニンと結合して歯の表面に膜を張り、虫歯菌に対する**バリア**を作ります。

また鉄漿で歯を均一に染めるためには歯垢を取り除いておく必要がありこの作業も虫歯予防に一役買ったのです。

丈夫な歯は健康の秘訣！

虫歯で歯を失うことは健康を損ねる原因となります。歯がたくさん抜けてしまうと硬いものが食べられなくなってしまいますよね？　硬いものが食べられる歯の本数の目安は20本以上です。このため平成元年より当時の厚生省と日本歯科医師会が「80歳になっても自分の歯を20本以上保とう」という「８０２０《ハチ・マル・ニイ・マル》運動」を行っております。

今川義元は42歳で討ち死にしましたが、桶狭間の戦いがなかったら鉄漿を塗った丈夫な歯でバリバリご飯を食べて長生きしたかもしれませんね！

みなさんも虫歯にならないようシッカリと歯磨きをしてください。

また、ダラダラと甘いものを食べると虫歯になりやすいので間食を抑えることも大切です。

さーて、コラム書いたら小腹がすいたのでチョコレートでも食べようかな♪

第三章　其の四
水遁の術で竹筒の長さは50センチが限界ですよ、ニンニン！
忍者の技を現代に蘇らせることは可能か

忍者にあこがれて
トイレットペーパーを
こしにつけて
走っていました。
黒歴史すぎる。
にんにん

小さい頃の夢は『**忍者**』になること！

おそろしく泣く泣くニブい運動神経と、仕官先がないことから泣く泣くあきらめた私ですが、医者となった現在、皆さん憧れの「**忍術**」に医学的な観点からツッコミを入れることは可能です。

それでは一つずつ見て参りましょう、ニンニン！

傭兵的な精鋭部隊
されど、あくまで人間です

まずは『忍者』についての解説を。一般的な定義をウィキペディアから引用させていただきますね。

【忍者】

……忍者（にんじゃ）とは、鎌倉時代から江戸時代の日本で、大名や領主に仕え、または独立して諜報活動、破壊活動、浸透戦術、暗殺などを仕事としていたとされる、個人ないし集団の名称。その名は日本国内にとどまらず、世界的にもよく知られている。(引用／wikipedia)

イメージ的には**『傭兵的な精鋭部隊』**といったところでしょうか。

任務をこなすには高い運動神経や優れた洞察力、幅広い知識が必要ですが、『人間が行える範囲』は超えません。よって、アニメや漫画に出てくるような派手な忍法は当然ながら使えません。

仕事としては、諜報活動や暗殺、合戦における特殊活動など裏方的な内容が多く、そもそも『忍者』なのですから存在がバレてはいけないんですよね。

ゆえに史料が少なく研究者さん泣かせとなっているようですが、伊賀や甲賀など代表的忍者のほか、上杉家の軒猿や毛利座頭衆など、地方の大名でも召し抱えていたとされています。

大麻から採取した『阿呆薬』が効き目バッチリ！

漫画のような超人は存在しませんが、やはり忍者になるには運動能力を鍛えることが肝要でしょう。

特に跳躍力は、敵地に忍び込む際や逃げる時に必須。それを鍛えるため、忍者は成長の早い植物を植え、その上を飛び越す訓練を行ったなんて話が有名ですね。

それには例えば『**麻（大麻草）**』が使われたようで、早い種類だと種をまいてから4ヶ月で4ｍにまで育つそうです。1日平均2～3㎝ずつ伸びて、ハードルが上がるうちに跳躍力も伸びる――。いやぁ、かっこいいなぁ。しかも麻は繊維としても丈夫ですし、種も食べられ一石二鳥です。

さらに、その葉からは、忍術兵法書『**萬川集海**《まんせんしゅうかい》』にも登場する、ヤバいお薬『**阿呆薬**』をつくることが可能なのです！

阿呆薬とは、食べものに混ぜたり、周囲にばらまくなどして使われ、相手を無力化する薬だそうです。もはや、原料と名前から、その効能は想像つきますよね。というか、やっぱり**アレ**ですよね…。

むろん、現代日本では、麻を栽培しただけで捕まりますし、阿呆薬など論外。……それでも麻を飛び越えて修業がしたい貴方、法的にクリアする方法はございます。

大麻草の栽培が「**伝統工芸**」及び「**社会的有用性／生活必需品**」である場合、都道府県に申請すると**栽培免許**を取得することができるのです。

むろん、そう簡単にとれるシロモノではなく、農地を確保し、盗難防止策を講じ、使わない部分の破棄方法も確保するなど、課される条件は大変なもの。

個人的な趣味では**禁止**されており、『忍術の修業に用いるため』では、まず間違いなく却下されるでしょう。ただし、農作の傍らで大麻を飛び越えることは可能かもしれません。

水を使って逃げる術はぜーんぶ水遁の術なのです…

さて、修業で体力をつけたら実践編です。マンガで代表的な忍術と言えば、竹筒をシュノーケルに使ったシーンでしょう。いわゆる『**水遁の術**』です。

実は水遁の術にもいろいろありまして、水を使って逃げる術（遁術）は全部『水遁の術』となります。現実問題、水の中に逃げ込む方法は動きにくくなりますし、陸にあがったら濡れネズミで目立ちますので、滅多に使われない最終手段。

実際によく使う水遁は「**堀や川に石を投げ込み、注意を逸らした隙に逃げる**」とか「**相手の顔に水をかける**」など現実的なものなのです。

話を竹筒のシュノーケルに戻しましょう。

竹筒を使って泳ぐのは中々大変そうですが、水草などの繁った場所で水中に潜み、水面に出して呼吸することは十分に可能です。

しかし、筒の長さが問題で、その容積分は死腔《しくう》となり、呼吸する際により多くの換気が必要となります（深呼吸が必要）。

成人男性の場合、肺活量は4000cc、安静時の一回換気量は400cc程度です。肺胞などの空気を交換しないスペース（生理的死腔）が150ccあり、普通の呼吸をした時に実際のガス交換に関わる肺胞換気量は250cc程度となります。

ここで竹筒の容積を計算しますと…。

円柱の体積＝底面積×高さ
＝半径×半径×円周率×高さ

となり、竹筒の直径が2㎝として計算すると、およそ80㎝の長さで容積が250ccとなり、通常の呼吸ではガス交換が**不可能**となります。

1500ccの深呼吸を行えば4ｍ程度の筒までは呼

吸できる計算となりますが、これはあくまで陸上の話！　水に潜ると10ｍごとに1気圧の水圧がかかり、肺の容積自体も1気圧ごと2分の1に圧縮されます。

これを考慮しますと竹筒の実用ラインは50㎝程度となります（あるバラエティ番組で実験していましたが、60㎝が限界だったもよう）。実際、シュノーケルに使う筒の長さは48㎝以下との規定があります。

漫画のように長い竹筒で深く潜ると窒息するので注意して下さいね。ちなみにスキューバーダイビングで呼吸ができるのは、ボンベの空気に圧をかけているからなんですよ。

ハットリくんの手裏剣は角が多くて実用には向かない

さて忍者と言えば忍術だけでなく、その武器も魅力的。ダントツで人気なのが『**手裏剣**』でしょう。

手裏剣といえば、ハットリ君が投げるような**平型手裏剣（風車型手裏剣）**を思い浮かべる方も多いでしょうが、使用頻度が高かったのは『**棒型手裏剣**』です。

八方手裏剣など平型手裏剣は角が多い分、相手に命中しやすいのですが、他の角がつっかえとなって深く刺さりません。また、かさが張るために携帯が不便です。

これに対し棒型手裏剣は、相手に命中させる技術が必要ですが、上手く刺されば深手となります。スティック状で携帯にも便利、おまけに作るのも比較的簡単で経済的です。

よってプロの忍者になるには棒型手裏剣の練習が必須でしょう！

ちなみに、棒型手裏剣であっても致命傷を負わせるのは難しく、殺傷力を高めるために毒を塗っていたそうです。

毒の効能については91ページをご参照いただければと思います。もしも現代において殺傷能力のある手裏剣を所持していると、**「銃砲刀剣類所持等取締法」**に引っかかる可能性もあります。ゆえに修業の際は、ゴム製かダーツあたりでやって下さいね！

最後に、これも水遁の術という一例を。

編集「まり先生、今回の原稿締め切り、
とうに過ぎてるんですけど？」
まり「えっと…あ、ジュースこぼしちゃった、
バシャ」
編集「ありゃ。タオルはどこだっけ…
キョロキョロ」
まり「この隙に遁走〜」
では、ドロン！

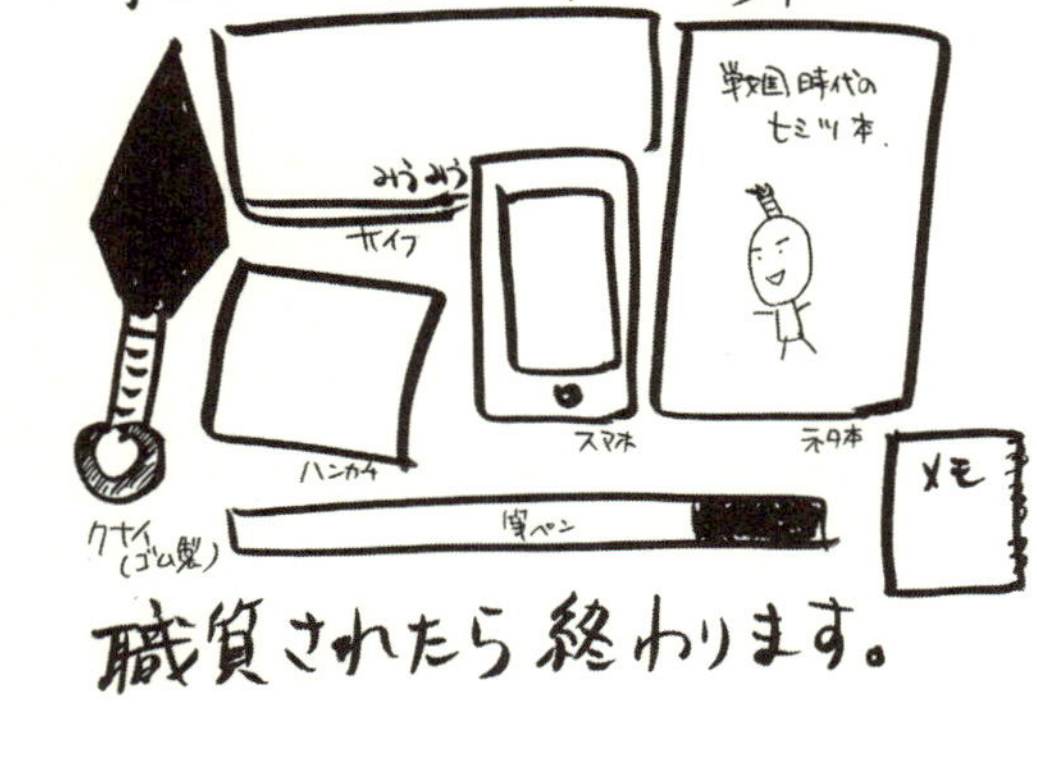

第三章　其の五
もしも近視用メガネがもう少し優秀だったら本能寺の変は起きなかった？

あなたはゴッドとグラースを信じますか

眼鏡は原則、視力の悪い人に必須なアイテムです。

しかし最近は、『**メガネっ娘萌え**』とか『**めがね男子写真集**』など、一部のマニアたちには違った意味でも必需品となっていて、かく言う私も眼鏡が好きすぎて若干危ないぐらいです。

そんな眼鏡ですが、日本に最初に入ってきたのはいつ頃か、ご存知でしょうか？

これがなんと**戦国時代**。今回は『**眼鏡伝来**』と

『もしも眼鏡が普及していたら本能寺の変は起こらなかった？』の二本立てで、お送りします。

ザビエル、男色を否定して大内義隆に追い出される

まずは結論から申します。メガネを初めて日本に持ち込んだのは宣教師の**フランシスコ・ザビエル**です。

天文18年（1549年）8月に鹿児島へ上陸したザビ

エルが、それから2年後に周防の守護大名・**大内義隆**へ様々な貢物を献上したその中にメガネが紛れていたのでした。

大内義隆（1507～1551年）は、当時、周防など7か国を治めていた、かなり有力な守護大名です。が、現在、武将としての評価がイマイチなのは、合戦よりも学問を好んだからでしょう。戦乱を逃れてきた公家を保護したり、明・朝鮮と交易して文物を取り入れたり、何かと文化系な人だったと囁かれております。

というのも元々大内氏は、応仁の乱の際に**雪舟**を保護するなど、文化を大事にする一族。義隆もバッチリその血を受け継いだのでしょう。山口が『**西の京**』と呼ばれているのは、この一族の功績が大きいのです。

しかし、ザビエルと義隆の仲は、最初から良好だったワケではありません。

当初、ザビエルは都への上京ついでに大内氏のもとを訪れましたが、そのときは身なりが悪かったことと、**「男色八悪デース」**とお約束の教義を振りかざしたため、一度は山口を追い出されてしまうのです。

義隆は、当時から男色家として有名で、毛利の3本の矢のうち2本に手をつけるほどの筋金入りだったのです（有名な毛利隆元と小早川隆景ですね、きゃっ）。

ザビエルにしてみれば、**田舎大名なんか別に構わんデース！　戦国武将のボーイズラブ好きには**

困ったもんデース！　程度に思っていたのかもしれません。

かくして一度は大内氏のもとを追い出されたザビエル。

『日本の王たる天皇か将軍に許可を貰えればオ～ケ～だも～ん♪』

と、ばかりに京都へ出向き、謁見を願いでます。しかし、これがことごとく**惨敗**。トボトボと帰宅する途中の山口（周防）で、再び大内義隆と会うことになったのでした。

さすがに今度はザビエルも外見に気を配り、美麗な服を着用、義隆の眼前に姿を現しました。天皇へ献上予定だった南蛮の珍品や、眼鏡と共に……。

かくしてザビエルに布教の許可を与え、メガネもゲットした義隆でしたが、その4カ月後の天文20年（1551年）8月、重臣・陶晴賢《すえはるかた》の裏切りにより討ち死にしてしまいます。

謀反を起こした陶晴賢は、かなりの美少年で、元々は義隆の寵童《ちょうどう》です。もしかして

「晴賢～♪　チョットこの眼鏡かけてよ、ハァハァ…眼鏡萌えぇぇ」

みたいなプレイを強要して愛想を尽かされた可能性は……皆無ですかね。そんな陶晴賢も、すぐに毛利元就にフルボッコにされてしまい、結局、中国地方は毛利のものとなってしまいます。

ちなみに日本最古の眼鏡は他にも説があり、室町幕府の12代将軍・足利義晴が着用したという話もございます。

徳川家康が使ったとされる眼鏡も、静岡県・久能山東照宮《くのうざんとうしょうぐう》に現存しており、その歴史は意外と古いんですね。

100発中68発がド真ん中！光秀は凄腕スナイパーだった

戦国ファンならずとも光秀による『**本能寺の変**』はご存知でしょう。天正10年（1582年）、天下統一にリーチをかけていた織田信長を、**ベイクド信長**にさせて死なせた一大事件。

今もって光秀謀叛の理由は不明とされ、歴史好きの想像力を刺激し続けておりますが、私は、彼の生涯と謀反の理由を「**視力**」という観点から進めていこうと思います。

まず明智光秀の出自や若い頃の話ですが、とにかく資料が少なく、履歴がアヤフヤです。

通説では、斎藤道三に仕えていたものの、道三が息子・義龍に殺されると浪人となり、朝倉義景のもとで10年ほど勤務。

ちなみに義景への士官は鉄砲の腕を買われたようでして。その逸話がなかなかなのです。

「**45・5メートル離れたところから30センチの的に命中させた**」

「**100発撃ったら68発が真ん中（黒星）に当たり、残り32発も的に当たっていた**」

当時の鉄砲の性能を考えるとこれは驚異的な腕前で、例えるならば**「シティーハンター」の冴羽獠**でしょうか。

その後の光秀は、足利義昭が朝倉義景を頼ってきた縁で将軍の補佐となり、織田家との仲介役に抜擢されて、次は信長の家臣となります。この頃から、細川藤孝と仲良くしており、後に子供同士が結婚しておりますね（細川忠興とガラシャ夫妻）。

さて、若い頃は遠くの的を正確に射抜いたほど視力の良かったとされる光秀ですが、中年期には視力が落ちていたのでは？　という話がありま す。

その説を唱えているのは、**篠田達明先生**。肖像画から偉人の病気を類推したり、文献から昔の人のカルテを作ったり、本格的な歴史人ドクターの方です。

篠田先生の説によりますと、光秀の肖像画の眼が細いことと、50歳を過ぎて書いた文字が達筆であることから**「光秀近眼説」**を提唱されておりま す。

一般的に近視は老眼になりにくい――の説はウソ

篠田先生の説を理解するには、近眼と老眼の知識が必要です。まずは近眼（近視）の説明からしましょう。

近視は、屈折異常の一種で、遠方から目に入ってきた光が網膜より手前で像を結び、モノがぼやけて見える状態です（眼球が細長いまたは角膜、水晶体での光の屈折が強すぎると起こります）。

近視の人が目を細めるのは、屈折の強い上下の光を遮断し、網膜に近い場所に像を結ばせることにより画像をくっきりとさせることが出来るからです。

眼の悪い方は経験的にご存知だと思いますが、メガネを外してトライしてみてください。

普通に眺めるとボヤけるものが目を細めると

くっきりしますよね。その様子、はたから見ると『ガンを飛ばしてる』ようになっちゃいます。つまり、肖像画の目が細いのは近眼がそうさせたのではないか？　という考え方ですね。

続いて老眼（老視）について。眼は通常、水晶体（レンズ）の厚さを毛様体筋で調節し、ピントを合わせています。しかし、歳をとると毛様体筋が衰えたり、水晶体自体が硬くなってしまい、ピントを合わせる幅が小さくなります。

言い換えると、老眼は「調節機能の低下」であり、その調節範囲が狭くなるということは「**遠くが見える人は近くが見えづらく、近くが見える人は遠くが見えづらく**」なります。

よく近視の人は老眼になりにくいと言われますよね。しかし、それは**間違い**で、近視の人が老眼になっても、もともと近いところにピントが合っているので、その分だけ水晶体の調節を必要とせず、手元は比較的見えやすいままだという仕組みなのです。

眼が悪くない人（正視）が「**最近近くが見えにくい～**」となるのに対し、近眼の人はもともと近くが見えやすいために、老眼になっていないような錯覚を覚えるだけなのです。

50歳を過ぎた光秀が本能寺の変を起こし、その直後、細川藤孝（幽斎）・忠興父子に宛てた自筆の覚書が現存しております。

『主君・信長公を思う気持ちは分かりますが、あとで便宜をはかりますので我々に援軍下さいな』

内容は細川親子に援軍を求めるものでしたが、結局その申し出は袖にされ、光秀は山崎の戦いで羽柴秀吉（豊臣秀吉）に討たれてしまいます。

が、この書状の筆跡があまりに見事なことから、「50歳を過ぎて近くが良く見えた。それはもともと近視だったからでは？」と推測できるのです。

目つきが悪くて生意気じゃ！
いじめたれ！

本能寺の変の原因として挙げられるのは**「いじめられての怨恨説」**や、**「自分が天下をとりたい野望説」**、**「朝廷や将軍が黒幕だった説」**、**「四国平定を阻止するためだった説」**など色々。

ラストに、話を少し戻し、光秀の織田家での処遇について触れておきましょう。実はこの光秀、信長の元では凄まじいスピードで出世をしております。士官して僅か2年で城持ちを許され、天正8年（1580年）には前年平定した丹波を加増、34万石の所領持ちとなります。

「丹波の国での光秀の働きは天下の面目を施した」

と、信長が絶賛していたほどであり、その他にも茶会の主催を許されたりと、かなりの厚遇でした。

このため小説などでよく使われる怨恨説はあまり根拠がないとも言われていますが、ココは敢えて近眼だった光秀に注目してみたいと思います。

例によってメガネのない当時はピントを合わせるために目つきが悪くなり、**主君や他の武将を睨みつける→新参者のくせに光秀生意気→いじめられる→謀叛**という流れができたとは考えられませんか？　ちょっと無理があるかもしれませんが、そのまま続けます。実は**光秀が眼鏡を使っていた**という話も残っているのです。

ただし、当時の技術では老眼や遠視に使う凸レンズは簡単に作れた一方、近視用の凹レンズは中々良いものが作れずかなりの貴重品だったようです。

もし光秀が近視用眼鏡を持っていたとしても今のように視力にあわせてオーダーメイドなどとうてい無理。よって眼つきの悪さまでは直せなかったに違いない。

そんなわけで仮にメガネを使用していたとしても光秀には「**目つき悪くていけすかない**」印象があったと考えられます。

よりハイスペックな近視用レンズがあれば、そんな不幸は起こらず、そして本能寺の変も……。

戦国ゲームで明智光秀が
めがねだったらそれで合格です。

第三章　其の六
戦国時代のスーパードクター
曲直瀬道三《まなせどうさん》と田代三喜《たしろさんき》
そして医術の奥義は
『涙墨紙《るいぼくし》』に記された

戦国時代といえば、やっぱりコアになるのは信長や秀吉などの華々しい武将たち。

一般的に、当時の〝医者〟などに興味を持つのはよほどのマニアか同業者さんしかいないと思われますが、実はこの時代、織田信長や毛利元就、正親町天皇《おおぎまちてんのう》、足利義輝など、錚々たるメンツを診察した**スーパードクターM**が居たのをご存知でしょうか？

Mとは**曲直瀬道三**のこと。その師であり日本医学中興の祖と呼ばれた**田代三喜**と共にご紹介いたしましょう。

日本漢方の源流を作ったのは田代三喜

まずは師匠の**田代三喜**（1465〜1544年）から。

三喜は、室町時代の終わりに武蔵国（埼玉県）の医師家系に生誕。父は外科医で、三喜自身も15歳で出家して学問を身につけると、関東の最高学府であった足利學校を経て23歳で明に渡りました。

そこで先に渡航していた僧・月湖に師事し、明の医学**「李朱医学」**を12年間学びます。

帰国後は、しばらく鎌倉を拠点としており、後に足利成氏の招きで古河に移り住むと、ここを拠点に馬で遠くまで往診。関東一円の病人を救ったことから『**古河の三喜**』としてその名が広まりました。

彼の医学書『**三帰廻翁医書**《さんきかいおういしょ》』では、ジャパナイズされた大陸医療の「**李朱医学**」を見ることができます。

三喜の医説では、病気の原因を〝**風**〟と〝**湿**〟の二邪とし、体内にあって病気を受け入れる要因として【**血・気・痰**】の3つを挙げています。これは200年後の江戸時代に吉益南涯が提唱した血気水説に通じるもので、実は「**日本漢方の源流**」と言えるものです。

流した涙で墨を摺り
死する師匠の医術を記す

一方、**曲直瀬道三**は近江に生まれ、幼い頃は、寺に入って喝食（稚児のようなもの）をしておりました。

医学に興味を持ち始めたのは、田代三喜と同じ足利學校に入ってからで、25歳の時、まさに三喜そのものに出会って弟子入りします。

その時点で師匠の三喜は67歳。当時では相当な高齢でした。

道三は三喜の元で7年間医学を学び、また三喜も道三を良き後継者として育て、死の間際にも難治や死に至る病気診断の秘訣を口述で授けたほどだったと言います。

そしてその秘訣は、道三が記した『涙墨紙《るいぼくし》』に書かれました。

この書のタイトルは、病床にありながら自分のために口述を続けた師の態度に心を打たれた道三が、感極まって「**流した涙で墨を摺り、筆記を続けた**」ことからきております。

道三は、難病を判別する秘訣が10個あるとして おり、今回は代表的なものをピックアップしてみましょう。

・面目直視《めんぼくちょくし》

――病人自ら色が変わり、目が動かず直視するのは不治の病気である――

現代医学にあてはめて説明しますと、眼球運動の障害や対光反射の消失を意味しており、患者が重篤な状態の可能性を示唆します。対光反射の消失、眼球頭反射の消失（目が動かない）は脳死の判定にも入っています。

・脚趺腫起《きゃくふしゅき》

――病人の足の甲が腫れ、髁《くるぶし》の骨が見えないものは必ず死ぬ――

現代でいうと、下腿浮腫《かたいふしゅ》ですね。浮腫のある人全員が死ぬわけではありませんが、心不全や腎不全で重度の浮腫をきたす場合は、往々にして予後不良な場合があります。

かように現代でも使える知識をコンパクトにまとめた三喜と道三。心電図や呼吸モニターがない時代では死期を見極めるのは難しかったと想像できますが、やはりこのコンビは凄いの一言に尽きます。

松永久秀には セックスの指南書を♪

さて、師・三喜の死後、永禄9年（1556年）に上京した曲直瀬道三は還俗して医業に専念し、時の将軍、**足利義輝**を診察しました。

この時、部下であった細川晴元・三好長慶などの武将にも診療を行ったそうで、特に**松永久秀**を気に入ったのでしょうか、彼にはセックスの指南書『**黄素妙論**《こうそみょうろん》』を伝授しております。

この書は中国で発刊された性指南書を和訳アレンジしており、陰陽道に基づき『**そこそこにセックスしていれば健康でイキイキ長生きしちゃう♪**』という内容になっております。

具体的には、年齢別のセックス回数ガイドラインとか、「**女性がしたくない時はやっちゃダメよ！**」とか、様々な体位とか。興味津々の方は一読をオススメいたします。ちなみに回数の目安だけ申しておきますと、20歳は3日に1度、30歳は5日、40歳は7日、50歳以上は半月に1度で、ヤリ過ぎは寿命が縮むそうですよ。

話を元に戻しましょう。

名医として名を上げた道三は京都に医学校を創

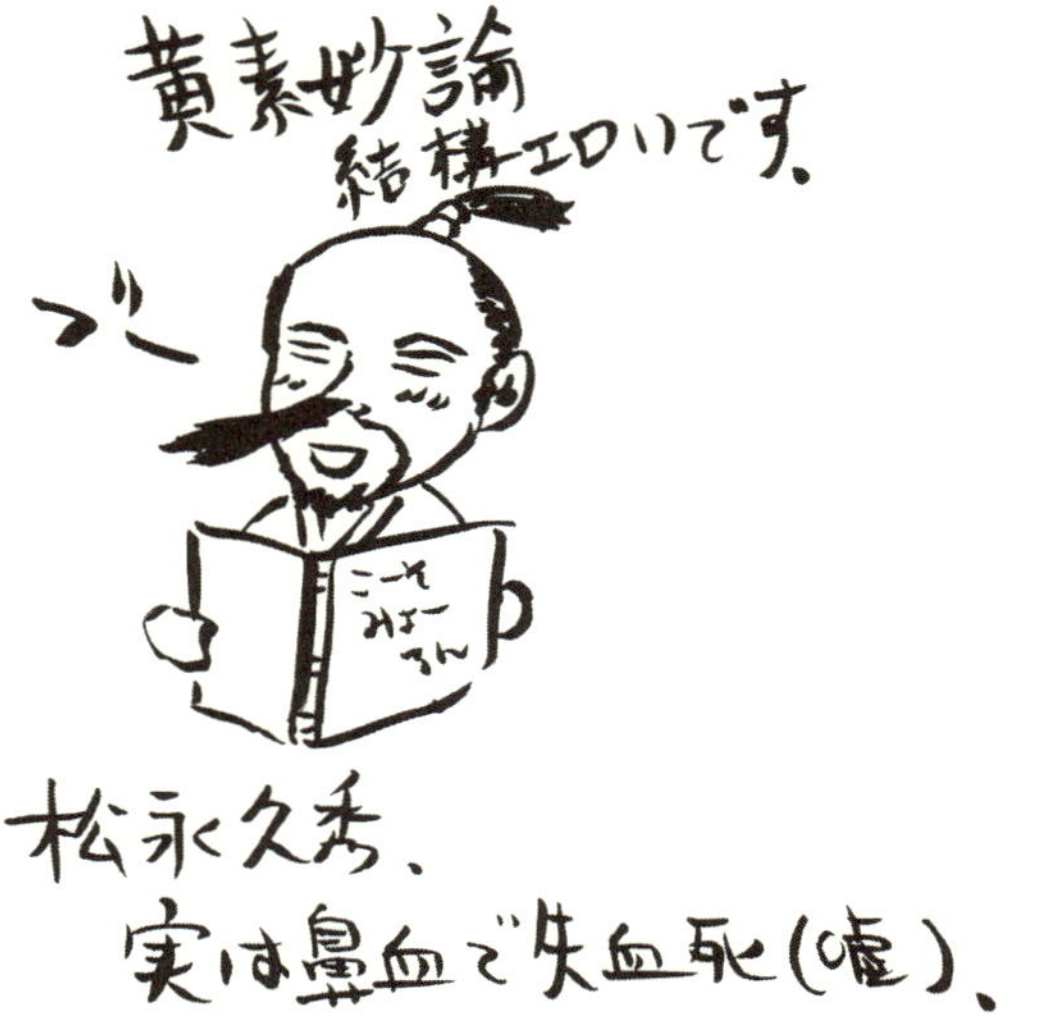

黄素妙論
結構エロいです。
こーそみょーろん
松永久秀、
実は鼻血で失血死（嘘）。

設し、**道三流医道**を完成。その内容は、実証的で臨床医学のハシリのようなもので、その後も数多の著名人と接しております。

　例えば尼子家を攻撃中の毛利元就を診たり、天正2年（1574年）には正親町天皇も診察。さらには織田信長が上洛した際にも対応しており、このときには褒美として天下一の香木「**蘭奢待**《らんじゃたい》」をチョッピリ分けてもらってます。日本史上でも数少ない権力者しか嗅ぐことの出来なかった超貴重なお宝ですね、凄い！

　少し不思議な感じがするのは、当時、広まり始めたキリスト教にも入信していることでしょうか。

　洗礼を受け、ベルショールという名前が与えられたことが、ルイス・フロイスの『日本史』に記されております。

　かくして医術を全国規模で広めると道三は文禄3年（1594年）に死去。その際、「**正二位（右大臣、左大臣相当）**」を贈られたことから、相当な名医かつ社会的影響の大きさがうかがえますね。

　道三の息子は早世しましたが、養子となった甥の曲直瀬玄朔が豊臣秀次や徳川秀忠を診察しており、その後も曲直瀬家は代々、官医として続くのでした。

　ちなみに、漫画『**スーパードクターK**』は、私の大学同級生の母親の従姉妹のダンナさんが筆者さんです……。はい、全く無関係でごめんなさい！

◆コラム　其の三

足利學校

現在の栃木県足利市にあり、平安時代初期もしくは鎌倉時代に創設されたと伝えられる高等教育機関。室町時代には上杉憲実《のりざね》が、戦国時代には北条氏政が再興に尽力し、儒学を中心に、易学、兵学、医学などが教えられました。その北条氏政が保護していた時期が最盛期とされ、三千人もの学生が学び、フランシスコ・ザビエルによると、「日本国中最も大にして最も有名な坂東のアカデミー（坂東の大学）」と記し、海外にも伝えられました。天正18年（1590年）、豊臣秀吉の小田原征伐により北条氏が滅び財源が失われたものの、新たな領主である徳川家康によって保護されました。その後、江戸時代にも多くの学生が訪れ、明治5年に廃校となりました。

◆コラム　其の四　涙墨紙より「ヤバい状態を診断する10の秘訣」

1 **面目直視《めんぼくちょくし》**
色が変わって瞳が動かず直視する状態。

2 **忽作屍臭《こつさくししゅう》**
いきなり悪臭を発して近づきがたい状態。

3 **陰脈錯乱《いんみゃくさくらん》**
脈が現れたりいきなり隠れたりする状態。

4 **脚趺腫起《きゃくふしゅき》**
脚が腫れ踝が見えない状態。

5 **口唇反張《こうしんはんちょう》**
唇が反り返り色が悪い状態。

6 **爪甲《そうこう》れい黒《こく》**
爪の甲が煤けて黒い状態。

7 **俄失屎溺《がしつしにょう》**
俄かに糞尿を失禁するようになった状態。

8 **面黒聚口《めんこくじゅこう》**
顔が黒く、口がすぼみ言語障害がある状態。

9 **上竄喘短《じょうざんぜんたん》**
足が腫れ、目を見出し、口を動かすが声が出ず喘息がある状態。

10 **肢重如石**
足が腫れ、石のように重く、足を左右に投げ打つ状態。

第三章　其の七
柴田勝家がハラワタを掴《つか》みとり秀吉に投げつけた話って現実的にありえます？

切腹《HARAKIRI》のお作法と痛〜い現実

歴史好きの中でも、とりわけ戦国時代は人気があります。

武将たちの武勇伝や政治力に憧れ、少しでも彼らに近づきたい。そんな風に思われる方も少なくないようですが、彼らをどれだけ尊敬していても、絶対に真似できないのが「**切腹**」でしょう。

刀をお腹に突き刺し、自らググッと切り裂く——。

想像しただけでも恐ろしいですが、以前、戦国好きの知人からこんな質問を受けたことがありまして。

「柴田勝家が切腹したとき、ハラワタをひきちぎって、秀吉に投げつけるシーンを漫画で見た。アレって医学的には可能なの？」

なるほど、これは医学的にも面白いテーマ。早速、**柴田勝家**さんに絡めて診察してみましょう。

切腹が名誉の死とされたのは高松城主の清水宗治から

切腹の起源そのものは、実は**平安時代**に遡るようです。武士の時代の鎌倉辺りから始まったのかと思いきや、意外と古いんですね。

ただし、近世に入るまでは、あくまで自決の一手段に過ぎず『名誉な死に方』という概念はなかったもよう。大きな転機が訪れたのは戦国時代、備中高松城での戦いからでした。
豊臣秀吉が水攻めを敢行した、現・岡山県のお城です。

このとき秀吉は、本能寺の変を知って慌てて畿内へ戻らねばならず、急遽、敵の毛利方と和睦を果たすために出した条件が、同城主・清水宗治の自害でした。逃げたい方が切腹を命じるなんて、何だか不条理な話ですが、ともかく、宗治は水上に船を出してその場で潔く腹を切り、介錯人に首をはねさせました。

これには秀吉をはじめとする武将たちは大いに感銘。以降、切腹は『名誉な死に方』とされるようになったと伝わっています。

クロスに切り裂く「十文字腹」内臓をつかみ出す「無念腹」

さて、そんな切腹ですが、江戸時代に入って武士の処刑法として定着しますと、同時に作法も確立されていきました。

沐浴やら末期酒やら死ぬ前の部分を省いて説明しますが、切腹人が腹を一文字に切ったところで介錯人が首を落とすのがスタンダード。

時代が下って江戸中期に入ると簡略化され、切腹人は短刀ではなく扇子を使い、その扇子に手をかけようとした瞬間、介錯人が首を落とすという方法が一般的になりました。

なぜこんな方法になったのか。と、申しますと話は単純です。『**切腹だけだと、痛くて苦しい上になかなか死ねない**』からです。

出血多量で早目に死ぬには「腹部大動脈」を切

れば良いのですが、腹部大動脈は背骨の横あたり（腹側から見るとかなり深い部分）を走るため、傷をつけるには相当な気合が必要。肉厚なおデブさんにはまず無理です。

また、中途半端に腸を斬ると即死はせず便が漏れ出し、腹膜炎→敗血症で相当悲惨な死に方をしてしまいます。それも**数日かけて！**

そのため、もしも介錯なしで切腹する時には、ある程度刀を刺したところで、今度は喉に持っていき、頸動脈を掻き切って死ぬ場合が多かったようです。喉元なら動脈の走行が浅いので、即死に近い状態で死ねます。

なお、戦国時代末～江戸初期までは、介錯人が付かずに自力で切腹した方も多くいたようで『**腹を十文字に切り裂く・十文字腹**』や『**内臓を掴み出す・無念腹**』といった過激な方法も残っております。まさに、漫画の柴田勝家さんの死に方と一致しますね。

江戸のおわりごろは
切腹のやり方を
わからない武士も
多かったそうです
はて

十文字に腹を切ったあと、五臓六腑を掻きだした

柴田勝家は、信長の父・織田信秀の代から仕える武将でした。

一時は、信秀の次男（つまり信長の弟）信勝の家老となり、信長に対し反旗を翻しましたがこれに敗れ、後に軍門に下ります。そして『鬼柴田』と異名をとるほど武勲をあげ、織田家の筆頭家老に上り詰めました。

しかし、北陸攻めの最中に起きた本能寺の変では、光秀討伐に間に合わず、織田家臣団での発言力を秀吉に抜かれてしまいます。

とりわけ、織田家の後継者を決める『清洲会議』で、信長の三男・信孝を推しながら、秀吉が擁立した三法師（信長の長男・信忠の息子）に敗北したのが大きかった。

信長の妹・お市との結婚が決まったのを勝利と見る向きもありますが、その後、日の出の勢いの秀吉には敵わず、結局、賤ヶ岳の戦いを機に切腹へと追い込まれていくのでした。

さて、そこで問題です。漫画のように「勝家がハラワタをひきちぎった史料は存在する」のか？と、困っていたら『柴田退治記』にそれを匂わせる記述がございまして。

私の現代語訳で強引に進めますと、勝家はまず**「腹の切り様を見よ！」**と左手で脇差を突き刺し、右手で背骨側に引きつけて切り、返す刀で心下から臍下まで切り裂いた（十文字腹）とのことです。

ただ、これだけでは終わらず、さらに五臓六腑を掻き出して（無念腹）、家臣の中村文荷を呼んで首を打つように頼んだとのこと（文荷は後ろにまわって勝家の首をはね、文荷もその太刀で腹を切って死にました）。

「内臓を投げた」とは書いていません。が**「内臓を掻き出して」**はおりますね！

まさしく、秀吉に対する、どうにもならない無念の怒りが蘇ってくるかのような記述。

そしてそれは、勝家が後見人となっていた織田信孝にも、同じような現象が見られるのです。

勝家以上に激しい信孝の死に様

信孝は、織田信長の三男として永禄元年（1558年）に生誕。次男の信雄より20日早く生まれたのですが、母の身分が低く、報告が遅れたことで三男にされてしまったといわれています。

それがなぜ柴田勝家との関係が深いのか。と申しますと、実は勝家は、信孝の**烏帽子親**でもあるのです。

烏帽子親とは、元服の際に行われる儀式で、実質的には後見人という立場を表明するもの。

そして元服後、信孝は、紀州征伐や荒木村重討伐などで実績を残していきました。

しかし！　これまた勝家と同様に、本能寺の変では光秀討伐で秀吉に遅れを取り、山崎の戦いでは名目上だけの総大将に終始。

来たる賤ヶ岳の戦いでは、岐阜城で兄の信雄に囲まれたまま何もできず、秀吉に降伏するしかなかったのです。

敗戦後、信孝には呆気なく**自害の命**が下されました。

死に場所は、その昔、源義朝（頼朝のお父ちゃん）が部下に裏切られて殺されたお寺。いわくつきの場所で腹を切った信孝は、そのとき思わぬ行動に出ます。なんと、掴みとった自分の内臓を床の間の掛け軸に投げつけたというのです。勝家以上に激しいエピソードですね。

もしかしたら知人が見たという漫画は、信孝と勝家をミックスしてアレンジしたのかもしれません。

ともかく信孝の辞世の句は、その死に様を表すかのように激しいものでした。

「昔より　主を討つ身の　野間なれば
報いを待てや　羽柴筑前」

実際、ハラワタを掴んで投げるなんてのは、相当な怒りを持ったツワモノにしかできません。

そもそも内臓を掴める程に大きく腹を切れば、痛みや出血などでショックを起こすことがありますし、腸を引っ張ると、内臓を支配している迷走神経が刺激され「**血管迷走神経反射**」が起こり、血管の拡張により脳血流が保てなくなって失神する可能性があります（採血した後に倒れるあれです）。

ただし、副交感神経である迷走神経と逆の作用をもつ『**交感神経**』が興奮しまくっていれば、これをしのげる可能性もあり、信孝のケースもそうだったのかもしれません。交感神経は「闘争と闘争の神経」などと呼ばれるように激しい活動を行っているときに活性化します。怒りも交感神経を緊張させます。

いずれにしても私は内科医ですので、切腹した人を見たことがございません。ビールと一緒に食するホルモンは大好きなんですけどね……なんて〆たら怒られるかしら。

第三章　其の八

謹慎中にカフェインでテンション上げ上げ

茶道の大家・千利休切腹の真実とは…？

一仕事した後の甘味と濃い目のお茶って最高ですよね。

ご存知のように戦国時代には『**千利休**』という優れた茶人がいました。ティーパーティー好きの秀吉に重用されながら逆鱗に触れて切腹となった話は有名ですが、実はその真相は諸説あり、未だに結論が出ておりません。

今回はお茶の歴史と戦国時代の茶の湯、さらには利休の死まで欲張って紹介しますね。

紅茶も緑茶もウーロン茶も茶葉はぜーんぶ同じです

歴史の前に、まずはお茶の種類について説明します。

お茶と言えば一般的に「緑茶」、「紅茶」、「ウーロン茶」などを思い浮かべますが、原料となる葉っぱは、**ぜ〜んぶ同じ**だってご存知でした？

茶葉の元は、チャノキか、その変種アッサムのどちらかです。

チャノキはカテキンが少なく緑茶向き。**アッサム**はカテキンと酵素が多く紅茶にしやすいという特徴があるのですが、チャノキから作られる紅茶も多々あり、要は、発酵度合いが違うだけで『茶葉は同じ』なんですね。

具体的には、摘んだ後すぐに加熱し発酵させない「緑茶」、半発酵させる「ウーロン茶」、茶葉の色が変わるまで発酵・酸化させる「紅茶」に分かれます。

　酵素はタンパク質なので、加熱をするとその働きを止める（失活させる）ことができ、それが種類を分かつのですが、お茶職人講座ではないのでこの辺で説明はストップし、次に歴史を振り返ってみましょう。

８９４に戻そう　遣唐使と茶

　日本史に登場するお茶は、皆さまに馴染みの深い『緑茶』です。起源は奈良ｏｒ平安時代まで遡り、遣唐使や留学僧によってもたらされたとされています。

　当初はかなりの貴重品であり、口にできるのは貴族や僧侶など身分の高い人のみ。茶葉を圧縮して固めた（団茶）形態をしていて、現代でイメージするなら、中華食材店で売っているフリスビーみたいなアレが近いかもしれません。

　当時の具体的な記録を挙げますと、『小右記』には「藤原道長が糖尿病の口渇《こうかつ》を癒すために茶を飲んだ」とあり、『菅家後草』には「菅原道真が憂さを晴らすために茶を飲んだ」と書かれています。

　そうです、この頃は嗜好品というより「薬」としての効能を期待されていたのですね。男性読者の皆さまには馴染みが深いであろう、横山光輝『三国志』でも「劉備が母親へ贈る薬として茶を買う」場面がありましたが、日本でも事情は同じだったんですね。

　しかし、です。残念なことに、飲茶の習慣は遣唐使の廃止と共にいったん廃れてしまいます。まさに白紙（894年）に戻そうだったのです。

僧・栄西が伝えたのは臨済宗だけじゃない

茶を再興したのは平安末期から鎌倉時代にかけての僧・**栄西**でした。

天台宗の僧だった栄西は、南宋留学で禅を学び、「臨済宗」を伝えたことで有名です。それと同時に茶の文化も持ち帰ったのですね。

この頃のお茶は平安時代の団茶と異なり、今の抹茶に近い形態でした。現在のような煎茶を作るには茶葉を揉む必要があり、その技術が確立されたのは江戸時代になってからのことなのです。

しかし、時代が鎌倉へ進んでも茶が薬のように扱われる事情は大差なく、栄西は、二日酔いの常習犯であった鎌倉三代将軍・源実朝に飲茶を勧め、『**喫茶養生記**』という本も献上しております。

これ、自分で書いた本なのですから、どんだけ茶マニアなんだ!?って話ですよね。

栄西は、その中で茶を「**養生の仙薬**」と記述。単なる薬ではなく「**仙薬**」と表現したのは、密教の行事に由来すると考えられます。

というのも唐の密教書には、北斗七星を祀りながら長命祈願をする際、茶を捧げた記録があり、茶が密教の中で特別なポジションであった可能性をうかがわせるのです。

栄西はまた「**茶は万病の薬**」とも記しており、流石にここまで過大評価している本は珍しいのですが、これは「**万病は心より起こる**」という禅の考えに基づいおります。

当時は、心の平静を得ることで病が治るという考えが禅僧の間に浸透しており、茶のリラックス効果を謳ったのでしょう。

お茶を飲むことを「一服する」というのは、このように「茶=薬」という考え方に由来するそうです。

産地を当てるゲームがいつのまにやら賭博へ発展

時代が下り鎌倉末期になるとお茶っ葉は栽培地域も拡大、社交手段として武士階級の間にも浸透していきます。

室町時代にかけては、茶の産地を当てる『**闘茶**』も流行しました。コレがまた、いかにも荒武者っぽい風習でして。産地を当てるだけなら健全なのですが、金品を賭ける遊びが段々とエスカレートし、完全に**賭博化**していくのです。

「**俺は領地を全部賭けるぜ！**」とまでやったかどうかは不明ですが、見かねた室町幕府が**闘茶禁止令**を出すほど。神の舌を持つ『美味しんぼ』の山岡夫妻がいたら連戦連勝だったでしょう。

ともかく当時の大名茶会は、かなり派手だったようで、茶器は高価な輸入品を使い、特に唐代の逸品が好まれました。豪勢な茶会は自分の権力を誇示する目的もあったんですね。

室町から戦国時代に入っても茶会は重要な社交手段であり、茶器はますます価値を増していきました。例えば茶器コレクターとして有名な織田信長は松永久秀から天下の名物「**九十九茄子**《つくもなす》」を献上されたり、またその久秀が自害するときには「**平蜘蛛の茶釜**」を抱いたまま自爆したなんて逸話もあります。あるいは、戦場で活躍した滝川一益が、領地の代わりに茶器を所望した――なんて話もありますね。まるでバブル期・ニッポンの絵画みたいな存在です。

一方、こうした動きと反するかのように、精神的交流を重視する流れも台頭してきます。いわゆる「わび茶」であり、その道を完成させたのが『千利休』でした。

若い頃より茶をたしなみ、信長に茶頭として雇われる

千利休は大永2年（1522年）、堺の裕福な商家に生まれます。

若い頃より茶の湯を親しみ、織田信長が堺を直轄地とした時には茶頭として雇われました。信長が亡くなった後は秀吉に仕え、天正15年（1587年）の北野大茶会では、主幹を務めるなどの信任を得ております。

そうそう『**利休**』というのは本名でなく、宮廷での茶会に町人身分では参加できないため、天皇が彼に送った**居士号**なんです。ホントに凄い茶人だったことがわかるエピソードですね。お屋敷も、秀吉の居城・聚楽城の中に構えており、禄も3千石を与えられるなど茶人としての頂点を極めておりました。

しかし、悲劇は突如やってきます。天正19年（1591年）、秀吉の逆鱗に触れて、堺で謹慎。細川忠興をはじめとする利休の弟子たちが助命に奔走しましたが叶わず、聚楽第にて切腹となるのです。

れています。

そこまで追い込まれた理由は今も色々と推測さ

秀吉が通る大徳寺三門に利休の像を置いたのが気に食わなかった説や、安い茶器を「利休の折り紙付き!」で高く売りさばき私腹を肥やした疑い、キンピカ大好き秀吉と侘び寂び利休の茶道感の違い、果ては利休の娘を秀吉の妾に請われた際に断ったなど様々です。

何か1つピシッとした決定打ではなく、様々な要因が積もり積もって秀吉が我慢できなくなったのではなかろうか。

私は最初そう思っていたのですが、にしても切腹まで追い込むのはやり過ぎかなぁとも悩むところ。認知症の秀吉に正常な判断が出来なかったと言う話もありますが、果たして利休側に原因はなかったのでしょうか?

ここで注目したいのは「秀吉は当初死罪までは考えていなかったが、利休が何の弁明もしなかったために切腹を命じた」と言う説です。

ごめんなさいが言えなくて、天正19年…

成り上がり者の秀吉にはアタマを下げたくない。そんな茶人・利休のプライドが結果的に切腹まで追い込んだとする考え方も当然ありますが、これで終わらせては医学的には面白くありません。

私が考えたキーワードは『**カフェイン**』です。カフェインは、アルカロイドの一種であり、人に対して興奮作用を持つ物資。コーヒーに含まれていることからカフェインと命名されましたが、カカオやチャノキなども含有しており、当然ながら紅茶や緑茶、抹茶にも含まれます。

お茶に含まれるカフェインはタンニンと結び付き作用が弱まるため、コーヒーに比べて興奮作用は緩やかです。しかし、多量摂取すれば当然ながら作用も強く出てきます。

1日のカフェイン摂取量が250㎎を超えると「**焦燥感・神経過敏・興奮・不眠**」などの症状が現れる場合があり、海外のデータによると、成人において健康に影響のない最大摂取量は1日あたり400㎎となっております。

抹茶1杯あたりのカフェイン含有量は45㎎。症状の出る250㎎を閾値《いきち》（現象が現れる限界値）とすれば約5～6杯で達する計算になります。

堺に謹慎を言われた利休は時間を持て余し、きっと大好きなお茶に明け暮れていたことでしょう。その結果、カフェイン摂取量が増えて興奮してしまい「**秀吉に謝るのアッカンベー!!**」になったのではないでしょうか。

よって、ここに私は『**千利休の死因はカフェイン説**』を提唱いたします！……なんて学会で発表したら非難轟々、平蜘蛛級に爆死できそうですね。

あとがき

本書は歴史戦国ポータルサイト『武将JAPAN』に連載されたコラム6話に新たに書き下ろした16話を加えた22話構成のコラム本です。

そもそも私がweb上でコラムを書かせて頂くキッカケとなりましたのは、同サイトの編集者さんが記事の前書きに「下痢しちゃって〜」と書いたことに始まります。御節介にも「こんな検査もありますよ」とメールを出したところ妙に盛りがり、「歴史に関する医学コラムを書いてみないか」という話になりまして…。

ほとんどノリで始めた連載でしたが、反響がありGH株式会社さまより出版の運びとなった次第です。

当初は、日本の医学史全般予定であったため古事記などを読み、日本のアケボノから執筆を始めたのですが、大化の改新あたりで「戦国時代に絞りましょう」との提案を受け、蘇我馬子までの原稿は古墳に埋める結果となりました。

しかし、出来上がりを見ますと戦国時代というくくりでまとまり、手前味噌ながら読みやすい内容になったと実感しております。

さて、本書の内容についてですが、上杉謙信や武田信玄といった有名武将はもとより、穴山梅雪や龍造寺信隆など、ややマイナーな武将にもスポットを当てております。

武将だけではなく、明智光秀の妻や医師の田代三喜や曲直瀬道三など、幅広い人物も取り上げております。「大谷吉継は本当にハンセン病だったのか？」という従来の説に疑問を投げかけるような要素もあり、コアな歴史ファンにも目新しい内容を入れるよう努力いたしました。

医学的な面でも、病気のみでなくタバコや酒といった風俗に関するものや、切腹の科学など、幅広いテーマを扱い、例えば毛利元就の話では、アルコール耐性にかかわる遺伝子の多形性に触れるなど、医学のみでも読み応えのある内容と自負しております。

最後になりましたが、web連載から本書の編集、校正までお手伝い頂いた武将JAPAN・破天荒一休氏、出版の機会を下さり校正もして下さったGH株式会社・竹澤慎一郎氏、そしてすべてのキッカケを作ってくれた一休氏のお腹を壊した「細菌」か「ウイルス」に感謝の念を込め、結びとさせていただきます。

馬渕まり

完

SENGOKU
EXAMINATION ROOM

参考文献（五十音順）

医学の歴史　小川鼎三　中公新書

医学の歴史　梶田昭　講談社学術文庫

逸話文庫：通俗教育・武士の巻　図書 通俗教育研究会 編　大倉書店

宇喜多の捨て嫁　木下昌輝　文藝春秋

カルテ拝見 武将の死因　杉浦守邦　東山書房

吉備叢書・第6巻　備前軍記　土肥経平　小橋藻三衛

人類と感染症の歴史　―未知なる恐怖を超えて―　加藤茂孝　丸善出版

切腹の日本史　大野敏明　実業之日本社

戦国時代100の大ウソ　川和二十六　鉄人社

戦国武将の死亡診断書　酒井シヅ監修　株式会社エクスナレッジ

戦国武将の養生訓　山崎光夫　新潮社

戦国武将の履歴書　クリエイティブ・スイート　宝島社

日本医療史　新村拓 編　吉川弘文館

日本史有名人の臨終図鑑　篠田達明　新人物往来社

人間臨終図巻　山田風太郎　徳間文庫

忍者 最強伝説　結城凛編集　株式会社 ダイアプレス

武将感状記　博文館編輯局 編　博文館

武人百話：精神修養　金子空軒、北村台水 編

帝国軍事協会出版部

まんが 医学の歴史　荒木保　医学書

メルクマニュアル 第18版 日本語版　Mark H．Beers他　日経BP社

モナ・リザは高脂血症だった　肖像画29枚のカルテ　篠田達明　新潮新書

涙墨紙　曲直瀬道三

歴史群像シリーズ9　毛利元就「三矢の教え」と元就の素顔　童門冬二　学研マーケティング

著者プロフィール

馬渕まり（まぶち・まり）広島県生まれ。愛知県在住。秋田大学医学部卒業、同大学院修了。歴史ポータルサイト、武将ＪＡＰＡＮにて『まり先生の歴史診察室』を連載中。趣味は旅行と食べ歩き。医学博士、日本糖尿病学会専門医。

戦国診察室

―お館様も忍びの衆も歴女医が診てあげる♪―

発行日	2015年11月20日	第1版第1刷

著者	馬渕まり
監修	武将ジャパン（http://bushoojapan.com/）
イラスト	馬渕まり

発行者	竹澤慎一郎
発行所	GH株式会社（SPP出版）
SPP出版	〒111-0053　東京都台東区浅草橋5-2-3　鈴和ビル7F
	TEL：03-5829-9758（代表）　FAX：03-5829-9759
URL	http://www.ghjapan.jp/
印刷所	シナノパブリッシングプレス　printed in Japan

ISBN　978-4-9907308-1-9

定価はカバーに表示しております。

SPP出版は、総合科学学術論文誌Science Postprint（www.spp-j.com）を運営するGH株式会社の事業部門の一つです。

本書に関するお問い合わせは、ご質問内容・住所・氏名・電話番号をご明記の上、当社編集部までFAXまたはEメール（ghmail@ghjapan.jp）にお送りください。お電話によるお問い合わせは承っておりませんので予めご了承下さい。なお、お問い合わせには速やかにお答え出来るよう尽力いたしますが、回答にお時間を頂戴する場合がございます。